Chado der Teeweg

Die vier japanischen Schriftzeichen von Soshitsu Sen am Anfang
und am Ende des Buches bedeuten:
Harmonie und Frieden (*wa*), Hochachtung und Ehrfurcht (*kei*),
Reinheit (*sei*), Stille und Gelassenheit (*jaku*).

Soshitsu Sen XV

Chado
der Teeweg

Theseus Verlag

Die Deutsche Bibliothek – CIP- Einheitsaufnahme

Sen, Sōshitsu:
Chado, der Teeweg / Sōshitu Sen XV.
[Übers. aus dem Engl.: Silvius Dornier und Ulrich Seizen Haas]. –
2., überarb. Aufl. – Berlin : Theseus-Verl., 1998
Einheitssacht.: Tea life, tea mind <dt.>
ISBN 3-89620-129-8

ISBN 3-89620-129-8

2., überarbeitete Auflage 1998
die 1. Auflage ist 1991 unter dem Titel *Ein Leben auf dem Teeweg* erschienen.
Titel der amerikanischen Originalausgabe: *Tea Life, Tea Mind*
erschienen bei John Weatherhill Inc., New York, Tokyo

© 1979 by Soshitsu Sen XV
© der deutschen Ausgabe 1991 Theseus Verlag, Zürich, München, Berlin

Die Verwertung der Texte und Bilder, auch auszugsweise, ist ohne Zustimmung des Verlages
urheberrechtswidrig und strafbar. Dies gilt auch für Vervielfältigungen, Übersetzungen,
Mikroverfilmungen und für die Verarbeitung mit elektronischen Systemen.

Umschlaggestaltung: Morian & Bayer-Eynck, Coesfeld
unter Verwendung eines Fotos © Y. Niwa/ Mon Tresor / Premium
Übersetzung aus dem Englischen: Silvius Dornier und Ulrich Seizen Haas
Lektorat: Ursula Richard
Gestaltung und Satz: AS Satz & Grafik, Berlin
Druck: Clausen & Bosse, Leck
Printed in Germany

Für meinen Vater, meine Mutter und meine Frau

Inhalt

Vorwort zur deutschen Ausgabe 11

Einführung 15

Auf dem Weg 23

Gastgeber und Gast 39

Form und Gestalt 75

Der Ort der Übung 93

Das Bedürfnis nach Vollkommenheit 103

Der Geschmack von Tee und Zen 107

Furyu 115

Wabi 125

Die Unvollkommenheit 131

Die Zurückhaltung 135

Für alle, die dem Teeweg folgen wollen 139

Vorwort zur deutschen Ausgabe

Die einfache Zubereitung einer Schale Tee und sie in Dankbarkeit entgegenzunehmen, das ist die Grundlage eines Lebenswegs, den man *chado*, Teeweg, nennt. Wird eine Schale Tee im Einklang mit den Regeln der Teezeremonie angeboten, verbinden sich alle Aspekte von Religion, Moral, Ästhetik, Philosophie, Disziplin und sozialen Beziehungen zu einer einzigartigen kulturellen Synthese in hoher Vollendung.

Ein Schüler auf dem Teeweg lernt die Dinge zu ordnen, sie zeitlich aufeinander abzustimmen, Unterbrechungen einzuplanen, soziales Miteinander zu schätzen und all dies im täglichen Erleben anzuwenden. Dies alles wird durch den einfachen Vorgang der Zubereitung und Entgegennahme einer Schale Tee möglich, getan mit der einzigen Absicht, innerhalb unserer Welt und in Gemeinschaft mit den Mitmenschen der Ruhe des eigenen Geistes gewahr zu werden. Hieraus ergibt sich auch die Bedeutung des Teeweges für die heutige Zeit.

Mit einer Schale Tee kann wahrhaftig Friede verbreitet werden. Der Friede, der von einer Schale Tee ausgeht, kann mit anderen geteilt und so zu einer Grundlage unseres Lebensweges werden.

Ich wurde in eine Familie hineingeboren, deren Ursprünge tief in der Tradition und Übung des Teeweges wurzeln. Mein Leben wie auch das Leben meiner Vorfahren ist bis heute von diesem Geist erfüllt. Meine frühesten Erinnerungen schließen immer auch die Teeräume meines Elternhauses ein, die Teegeräte, mit denen ich spielte, die Unterrichtsstunden mit meinem Vater und die endlose Reihe von Gästen, die mit einer Schale schaumbedeckten grünen Tees empfangen wurden. 1964 trat ich an die Stelle meines Vaters, übernahm die Leitung der Familie, wurde der Großmeister der Urasenke-Teeschule in der 15. Generation und Leiter von über zwei Millionen Schülern in der Urasenke-Tradition.

In der kurzen Zeitspanne von zwölf Jahren, die seit der Erstveröffentlichung dieses Buches vergangen sind, war unsere Welt vielen Veränderungen unterworfen, die mit der schnellen Entwicklung des Informationszeitalters und einem wachsenden Umweltbewußtsein einhergingen. Die Versprechungen, daß die größer werdenden Möglichkeiten des direkten Zugangs zu immer mehr Informationen eine gegenseitige Annäherung bringen würden, haben sich kaum erfüllt. Sie scheinen uns umgekehrt immer mehr zu entfremden und eine ernsthafte gegenseitige Verständigung eher zu verhindern. Selbst unser wachsendes Wissen steht im Gegensatz zu unseren Anstrengungen, die Armut zu lindern und die Gier zu beherrschen, welche die Ursache für die Zerstörung unserer Umwelt ist.

Immer mehr glaube ich, daß das Wissen um den Teeweg und dessen Übung wichtig sind, weil sie uns erlauben, eine direkte und tiefe Verbindung mit der Natur und unseren Mitmenschen einzugehen. Das einfache Zubereiten und Teilen einer Schale Tee kann uns ein eigenes tieferes Verständnis für einen Frieden bringen, den wir auch mit anderen teilen können.

Ich bin sehr erfreut darüber, daß mein kleines Buch nun auch ins Deutsche übersetzt ist, und ich hoffe, daß meine deutschsprachigen Leserinnen und Leser dadurch ein tieferes Verständnis für eine der einzigartigen Künste des Ostens finden mögen, einen gangbaren Weg zu mehr Menschlichkeit in einer Welt, die wir alle teilen.

Soshitsu Sen XV, Kyoto 1991

Einführung

Der Mönch Joshu fragte einmal seinen Meister Nansen: »Was ist der Weg, unabhängig davon, was vor uns liegt?« Der Meister erwiderte darauf sofort: »Dein alltäglicher Geist ist der Weg.«

Diese Auffassung entspricht zutiefst dem eigentlichen Kern des Teeweges. Die Grundlagen dieses Übungsweges sind auf die Ganzheit des Lebens gerichtet, nicht nur auf den Teil, der sich im Teeraum abspielt. Der Prüfstein in der täglichen Übung liegt darin, jedem einzelnen Ereignis mit klarem Geist, in gesammeltem Zustand zu begegnen. In gewisser Weise ist noch die unwichtigste Handlung der Teeweg selbst. Eben dies macht ihn auch heute genauso bedeutsam wie damals vor mehr als vierhundertfünfzig Jahren, als er begann.

Der Brauch, pulverisierten grünen Tee zu trinken, wurde im 12. Jahrhundert von Mönchen nach Japan gebracht, die von ihren Studien in den großen Zen-Klöstern Chinas zurückkehrten. Ihnen diente der Tee als Hilfsmittel zur Meditation, als Medizin und als ein Weg, Zen zu verbreiten. Etwa zweihundert Jahre später wurde er aus ganz anderen Gründen getrunken: bei Teeprobier-Wettstreiten, die begleitet waren von verschwenderischen Banketten, bei denen Reichtum und Besitz prahlerisch zur Schau gestellt sowie mit massiven Einsätzen gewettet wurden. Die Teilnehmenden schienen durch diese verlockende Welt der Ausschweifungen ein Mittel gefunden zu haben, den damals sehr unsicheren Zeiten zu entfliehen.

Gegen Ende des 15. Jahrhunderts lernte der Zen-Priester Murata Shuko (1422-1502) die Praxis der Teezubereitung. Er war sehr vertraut mit dem Ablauf der Teegesellschaften am Hof der Shogune (Militärgouverneur) und war selbst ein Schüler des berühmten Zen-Priesters Ikkyu Sojun (1394-1481), der ihn in seiner Übung ermutigte. Seine Art der Teezubereitung spiegelte seine Zen-Vorbildung wieder: Im Gegensatz zu den ausgedehnten Räumen und eleganten chinesischen Teegeräten, die allgemein zu jener Zeit Verwendung fanden, zog er es vor, Tee in einem kleinen Raum und mit einer möglichst geringen Anzahl von Geräten, von denen auch viele einheimischen Ursprungs waren, zuzubereiten. Shuko fand, daß diese Art der Teezubereitung mehr war als nur ein Ritual verfeinerter Lebensart.

Die Praxis des Teetrinkens entwickelte sich auch unter den Mitgliedern der Klasse der Handelsleute. Dadurch nahm sie ebenfalls neue Wesenszüge an. Im Gegensatz zu dem Ritual des Shogun-Hofes waren die Teezubereitungen der Handelsleute durch viel lebhaftere Umgangsformen gekennzeichnet. Viele der Teemeister, die aus Kaufmannsfamilien stammten, waren tief mit dem Zen verbunden, und obwohl sich die Stimmung ihrer Teezusammenkünfte von der Shukos unterschied, war die Grundlage doch dieselbe.

Einer der wichtigsten Männer, der aus jener Gruppe hervorging, war Takeno Jo-o (1502-1555). Im Verlauf seines Lebens begann er einen völlig neuen Stil der Teezeremonie, den *wabi*-Tee, zu entwickeln. Diese Form der Teezubereitung wird in einer kleinen rustikalen Hütte mit schlichten, einfachen Teegeräten ausgeübt.

Bescheiden und ohne jede Prachtentfaltung vereinigte er die Ästhetik des Zen mit der demokratischen Lehre der Gleichheit aller. Dieser Stil wurde später von Sen Rikyu, dem Schüler von Jo-o, bis zur Vollkommenheit entwickelt.

Sen Rikyu (1522-1591) begann seine Studien bei Jo-o im Alter von

19 Jahren. Wie Jo-o war auch er in einer Kaufmannsfamilie aufgewachsen und Bürger der Hafenstadt Sakai, die in der Nähe von Osaka liegt. Es würde Bände füllen, seine persönliche Geschichte zu erzählen und den Beitrag, den er zum Teeweg leistete, zu würdigen. Rikyus Führungsqualitäten und seinem Talent ist es zu verdanken, daß die verschiedenen Formen der Teezeremonien zusammen mit ihrer Philosophie und Geschichte und den Arten der Zubereitung so vereint werden konnten, daß daraus das entstand, was wir heute den Teeweg nennen.

Rikyu verband den Geist des Teeweges eng mit den vier grundlegenden Wesensmerkmalen von Harmonie und Frieden, Hochachtung und Ehrfurcht, Reinheit, Stille und Gelassenheit. Diese vier Wesenszüge bilden die Grundlage aller praktischen Regeln der Teezeremonie und drücken zugleich ihre höchsten Ideale aus.

»Harmonie« und »Frieden« sind das Ergebnis der Wechselwirkung von Gastgeber und Gast, der gereichten Mahlzeit und der verwendeten Teegeräte mit dem fließenden Rhythmus der Natur. Sie spiegeln ebenso die Vergänglichkeit aller Dinge wie das Unwandelbare im Wandel wider. Gastgeber und Gast beeinflussen sich gegenseitig, beide sind achtsam füreinander, fast so, als ob ihre Rollen vertauscht wären. Ehe der Tee gereicht wird, wird der Gastgeber dem Gast Süßigkeiten anbieten oder oft auch ein leichtes Mahl. In beiden Fällen sollte das Angebotene der jeweiligen Jahreszeit entsprechen. Die Teegeräte sollten miteinander harmonieren und zu der Stimmung und dem Thema der Teezusammenkunft passen. Durch den Einklang mit der Natur ist unsere Aufmerksamkeit zusätzlich auf das Merkmal der Vergänglichkeit gerichtet, das jede Teezusammenkunft kennzeichnet. Das Wesensmerkmal der Harmonie und des Friedens bedeutet, frei zu sein von Anmaßung, den Pfad der Mäßigung zu gehen, weder überschwenglich noch empfindungslos zu werden und nie die Haltung von Bescheidenheit zu vergessen.

»Hochachtung« und »Ehrfurcht« kommen aus der Aufrichtigkeit des Herzens, die uns frei macht für eine offene Beziehung mit der unmittelbaren Umwelt, mit unseren Mitmenschen und der Natur, während wir der natürlichen Würde jedes einzelnen gewahr werden. Hochachtung gibt einer Teezusammenkunft Gestalt und ordnet, vor allem durch die strengen Regeln der Teezubereitung, das Miteinander zwischen den Teilnehmenden. Aber in einem viel umfassenderen Sinn nötigt uns dieses Prinzip, ohne Berücksichtigung äußeren Anscheins, tief in die Herzen all der Menschen zu sehen, die wir treffen, und den Dingen in unserer Umgebung mit Achtsamkeit zu begegnen. Dann erkennen wir unsere Verwandtschaft mit der ganzen Welt um uns herum.

»Reinheit«, die einfache Handlung des Reinigens, ist ein wichtiger Teil jeder Teezusammenkunft – mit der ihr vorausgehenden Vorbereitung, dem eigentlichen Darreichen des Tees und, nach dem Weggang der Gäste, dem Aufräumen der Teegeräte und, als letztes, dem Verschließen des Teeraums. Solche Handlungen, wie den Staub aus dem Raum zu kehren und die abgefallenen Blätter vom Gartenweg zu fegen, bedeuten alle ein Reinigen »vom Staub der Welt«, ein Reinigen des Herzens und Geistes von den weltlichen Anhaftungen. Nur dann, wenn materielle Belange beiseite gestellt werden, können wir die Menschen und Dinge in ihrem wahren Zustand sehen. Die Tat des Reinigens ermöglicht uns, das reine und heilige innerste Wesen von Dingen, Menschen und der Natur wahrzunehmen.

Wenn der Gastgeber die Räume, welche die Gäste in Anspruch nehmen werden, reinigt und vorbereitet, stellt er auch in seinem innersten Selbst eine Ordnung her, eine Ordnung, die unerläßlich ist. Wenn er sich den Einzelheiten des Teeraumes und des Gartenweges widmet, ist er ebenso mit seinem eigenen Bewußtsein befaßt wie mit dem Geisteszustand, mit dem er auch seine Gäste bedienen wird.

»Stille« und »Gelassenheit« entstehen mit der ständigen Übung der ersten drei Grundsätze von Harmonie, Hochachtung und Reinheit in unserem täglichen Leben. Allein zu sitzen, fern von der lärmenden Welt, eins mit dem Rhythmus der Natur, befreit von den Bindungen an die materielle Welt und die körperlichen Annehmlichkeiten, gereinigt und empfindungsfähig gegenüber dem geheiligten Wesen von allem, was uns umgibt. Ein Mensch, der Tee zubereitet und ihn in Achtsamkeit trinkt, nähert sich dem unvergleichlichen Zustand der Stille und Gelassenheit. Aber, so merkwürdig es klingt, diese Stille wird sich sogar noch vertiefen, wenn ein anderer Mensch den Mikrokosmos des Teeraums betritt und mit dem Gastgeber in Achtsamkeit eine Schale Tee teilt. Daß wir in Gesellschaft anderer eine bleibende Stille und Gelassenheit in unserem eigenen Selbst finden können, ist das scheinbar Widersprüchliche am Teeweg.

AUF DEM WEG

Ein Mensch verbringt sein ganzes Leben damit, auf dem Gipfel eines hohen Berges in Meditation zu sitzen. Er entwickelt tiefste Gefühle von Dankbarkeit, weil es ihm möglich ist, eben auf diese Weise zu sitzen. Ohne diese Art Dankbarkeit hat alles, was wir auch tun mögen, keinen Wert.

Dies ist die Geisteshaltung, die mir von meinem Vater, dem früheren Urasenke-Großmeister, gelehrt wurde.

Es ist oft scherzhaft bemerkt worden, daß nicht Blut, sondern Tee in meinen Adern fließen würde. Dies mag keine Übertreibung sein; mir scheint, ich wurde mehr mit Tee als mit Milch aufgezogen. Meine Spielplätze und mein persönlicher Lebensraum als Kind schlossen immer auch einen Teeraum mit ein. Oft spielte ich in der *tokonoma*, der Bildnische, in der eine Schriftrolle hing und ein einfaches Blumenarrangement seinen Platz hatte. Oder ich steckte mutwillig meine Finger in das tragbare Holzkohlebecken oder in die eingelassene Feuerstelle im Boden, um die Ascheform durcheinander zu bringen, die so sorgfältig vorbereitet war, damit das Feuer, welches das Wasser für den Tee erhitzen sollte, besser brennen konnte.

Entsprechend der Tradition begann ich im Alter von sechs Jahren am sechsten Tag des sechsten Monats mit dem Teeunterricht. Der erste Teil meiner Ausbildung bestand darin, mit den verschiedenen Teegeräten vertraut zu werden. Ich durfte zunächst zwanglos mit Teeschalen und der Bambus-Schöpfkelle üben. Meine Eltern waren besorgt, meinen jungen Geist nicht einzuschränken, und führten mich zuerst nur stufenweise in die richtigen Verhaltensweisen ein, beginnend mit einer einfachen Verbeugung, und mit fortschreitender Zeit korrigierten sie die Dinge allmählich. Zur gleichen Zeit wurde mir jedoch sehr streng beigebracht, daß man mit Dingen achtsam umzugehen hat und daß ich mich für meine eigenen Taten verantwortlich zeigen muß. Verständnisvoll versuchten meine Eltern aber, mich nicht zu viel zur gleichen Zeit zu lehren.

Hatte einmal der Unterricht mit meinem Vater begonnen, galt die Regel, daß niemand sonst den Raum betreten durfte. Selbst meine

Mutter mußte draußen bleiben. Aber sie saß auf der anderen Seite der Papierschiebetür und horchte aufmerksam auf alles, was mein Vater mich lehrte. War der Unterricht vorbei, traf sie mich außerhalb des Teeraumes und fragte, ob ich auch alles, was mein Vater gesagt hatte, verstanden hätte. Wenn ich auch nur ein wenig unsicher war, erklärte sie es mir geduldig nochmals. Und so war auch sie, auf ihre eigene Weise, meine Lehrerin. Obwohl sie mich während meiner formellen Unterrichtsstunden nie sah, konnte sie beispielsweise durch die Geräusche, die ich machte, scharf wahrnehmen, wie ich mich bewegte, und sie kritisierte meine Art zu gehen rückhaltlos, obwohl mein Vater nichts darüber erwähnt hatte.

Irgendwann kam ich zu dem Entschluß, die rechte Art des Gehens meistern zu wollen. Ein kleines Keramik-Kohlebecken, gefüllt mit Asche, vor mir haltend, übte ich, barfuß einen langen Gang auf und ab zu gehen. Obwohl das Kohlebecken sehr schwer war, bemühte ich mich, meine ganze Haltung bewußt wahrzunehmen. Statt mich zu sehr auf eine bestimmte Art des Gehens zu konzentrieren, mußte ich lernen, natürlich zu gehen. Durch diese Übung wurde mein ganzer Körper ins Gleichgewicht gebracht.

Ich habe nur sehr wenige Kindheitserinnerungen daran, mit meinem Vater gespielt zu haben. Bei zufälligen Gelegenheiten beispielsweise, bei denen wir einander im Flur begegneten, streichelte er meinen Kopf und sagte: »Geht alles gut?« Eine andere Gelegenheit, an die ich mich erinnern kann, war, als mein Vater seine Arbeit verließ, um im Garten einige Übungen zu machen, die er sich ausgedacht hatte, um seinen Körper von Verspannungen zu befreien. Oft hatte er den Wert von Teegeräten zu beurteilen und schrieb dazu den entsprechenden Vermerk in seiner besten Kalligraphie. Aufgaben, von denen ich heute weiß, daß sie mich körperlich vollständig erschöpfen können. Wenn ich dann in den Garten kam, spielten wir Fangen oder machten ein anderes Spiel. Und obwohl er müde gewesen sein mußte, lachte er immer strahlend, wenn wir zusammen spielten.

Obgleich er ein wunderbarer Vater war, war er zur gleichen Zeit ein äußerst unnachgiebiger Mann. Wenn ich versuchte, mich während meiner Unterrichtsstunden hilfesuchend an ihn zu lehnen, stieß er mich weg. Jedesmal, wenn ich weggestoßen wurde, war eine Lektion gelernt, und zwar nicht nur einfach auswendig gelernt. Obwohl mein Vater weder eine spitze Zunge hatte, noch besonders wortreich in seinen Anweisungen war, machte er mir begreiflich, daß das, was ich versuchte im Gedächtnis zu behalten, bald vergessen sein würde, während das, was ich mit meinem eigenen Körper lernte, mir für mein ganzes Leben bleiben würde. Erst viel später erfaßte ich diese wichtige Lektion, die er mich durch sein Schweigen gelehrt hatte, in ihrer Ganzheit.

Während meiner Übungsstunden mußte ich mir immer meiner zukünftigen Stellung und Verantwortung bewußt sein. Die Notwendigkeit dieser Haltung wurde mir in besonderer Weise anläßlich einer erinnerungswerten Begebenheit deutlich gemacht. Als ich in meinem Unterricht fortschritt, sollte ich auch Anweisungen von einem der älteren, einheimischen Lehrer, der einen gewissen Grad der Schulung erreicht hatte und meinem Vater assistierte, erhalten. Ich aber war der bequemen Auffassung, daß mein Vater mich weiter lehren würde, zumal er gewöhnlich anwesend war. Eines Tages wandte ich mich mit der Frage an ihn, warum er mir nicht mehr persönlich Unterricht erteilte. Er sagte nichts, aber als ich in sein Gesicht schaute, wußte ich, daß ich in Schwierigkeiten war.

Er wies mich an, ihm in den Raum zu folgen, wo die Holzstatue von Sen Rikyu in einem Schrein aufbewahrt wurde. Er veranlaßte mich, vor dem Altar zu sitzen und meinen Ahnen meine Verehrung zu erweisen. Dann wies er mich zurecht, weil ich mein Üben so leicht genommen hatte:

»Die Tatsache, daß du in dieses Haus hineingeboren wurdest, bedeutet nicht, daß du ohne Anstrengung sein Herr werden kannst. Du mußt von allem Anfang an genau und gewissenhaft sein, um den Weg für dich selbst zu erschließen. Obwohl der Mann, der vor dir steht, dein Vater ist, bin ich in dieser Hinsicht nicht dein Vater, sondern der Großmeister, der den Weg des Tee übt und lehrt. Einfacher gesagt, ich bin dein Lehrer, solange du diesem Weg folgst. Du aber willst Nutzen aus der Tatsache ziehen, daß ich dein Vater bin, und fragst mich, warum ich dir keinen Unterricht gebe. Wenn du wirklich lernen willst, dann komm und bitte mich, wie es sich für einen Schüler gehört, der Unterweisung von einem Lehrer möchte.«

In diesem Augenblick sah ich ihn nicht als meinen Vater, sondern als einen großen Meister des Weges. Von da an bat ich ihn, wann immer er verfügbar war, in der angemessenen Weise um Unterweisung und erhielt sie. Und obgleich wir Vater und Sohn waren, so war in den Angelegenheiten, die im Zusammenhang mit meiner Ausbildung standen, nun die neue Beziehung von Lehrer und Schüler entstanden.

Eine sehr wichtige Lehre meines Vaters besagte, daß es ein großes Vergehen sei, unbelebte Dinge ohne Achtsamkeit zu behandeln oder an ihnen seine schlechte Laune auszulassen. Er liebte es, mir zur Veranschaulichung eine Geschichte aus seiner Kindheit zu erzählen. Eines Tages, als mein Vater acht Jahre alt war, besuchten er, sein Vater und sein Großvater – also die vierzehnte, dreizehnte bzw. zwölfte Generation der Tee-Großmeister – in Tokyo einen Schrein, wo sie den dort verehrten *kami* (Gottheiten) im Rahmen einer besonderen Zeremonie Tee als Opfergabe zubereiteten. Der Vater meines Vaters versprach ihm, daß er alles haben könne, was er wolle, wenn er die Zeremonie gut ausführen würde.

Mein Vater wünschte sich sehnlichst ein Signalhorn aus Messing. Und mit der einzigen Absicht, es auch zu bekommen, führte er seinen Teil der Zeremonie wunderbar und ohne jedes Mißgeschick aus. Seine Freude über das Horn war grenzenlos, und er nahm es, um es mit aller Kraft zu blasen. Vielleicht hatte er nur beabsichtigt, das Mundstück auszuspülen, aber bald fand er heraus, daß es auch Spaß machte, Wasser zum einen Ende des Horns hineinzugießen und zu beobachten, wie es am anderen Ende wieder herausströmte. Nach einer Weile hatte dieses kleine Spiel sein Instrument ruiniert. »Du hast die Zeremonie sehr gut ausgeführt und hast dafür ein Messinghorn bekommen. Gleichgültig, wie glücklich du warst, es war nicht gut, es zu zerstören«, tadelte ihn sein Vater. »Wenn du wirklich nach dem Teeweg strebst, dann ist es ein schwerwiegender Irrtum, Dinge zu zerstören oder sie unachtsam zu behandeln.«

Als ich in die höhere Schule eintrat, wurde ich oft verspottet mit: »He, Sen! Du bist gut dran, weißt du das? Du mußt dir keinen Beruf suchen, nachdem alles für dich schon entschieden ist. Du brauchst dir über deine Ziele an der Universität keine Gedanken zu machen, wie alle übrigen von uns. Und selbst, wenn du auf eine Universität gehst, dann ist es eigentlich gleichgültig auf welche, nicht wahr?« Ich wünschte, sie hätten gewußt, wie unglücklich ich mich fühlte. So nahm ich einen Freund mit zu mir mit nach Hause und offenbarte ihm meine Lage, nämlich daß man von mir erwartete. das Werk meines Vaters fortzusetzen. Daraufhin verspotteten meine Freunde mich allmählich weniger und entwickelten sogar Verständnis für mich.

In der höheren Schule beteiligte ich mich an verschiedenen Sportarten, weil mich meine Eltern gelehrt hatten, daß ich meinen Körper ertüchtigen sollte. Das Liebste war mir das Reiten. Ich hatte mich schon als Kind damit vergnügt und sah im Reiten mehr als nur einen Sport, weil ich es als außerordentlich anregend empfand und ich dadurch auch meine Haltung verbesserte. Es ist schwierig, ein Pferd auf dem Parcours oder beim Hürdenspringen nur mit Zaum und Zügel und innerer Kraft unter Kontrolle zu halten; aber die Freude, diese Fähigkeiten zu erlernen, gab mir ein Gefühl von unaussprechlicher Bedeutung.

Durch Reiten und andere Sportarten kräftigten sich mein Körper und Geist. Tee wird meist im Sitzen zubereitet, und ich bin dankbar, daß ich durch Sport mein inneres Gleichgewicht von Körper und Geist finden konnte.

Als ich während der Kriegsjahre zum Militärdienst eingezogen wurde, mußte ich mein Studium an der Universität unterbrechen. Aber es war mir möglich, das Studium später fortzusetzen und 1946 die Abschlußprüfung zu machen. Zur gleichen Zeit wurde ich als Nachfolger meines Vaters, des Tee-Großmeisters, bestätigt, mit der Verantwortung, die geistigen, schulischen und technischen Aspekte des Teewegs zu beherrschen. Die Schwierigkeit, der ich jetzt gegenüberstand, war die Tatsache, daß nach der Tradition der Tee-Großmeister gleichzeitig auch ein Zen-Priester ist. Um mich also auf meine zukünftige Position vorzubereiten, mußte ich eine formelle Zen-Schulung durchlaufen.

Goto Zuigan Roshi, ein alter Bekannter meiner Mutter, war zu jener Zeit gerade Abt des Juko-in geworden, eines Untertempels des Daitokuji, der nach der Überlieferung eng mit dem Teeweg verbunden war. Zudem lag er nicht weit von unserem Hause entfernt. Dies war eine glückliche Fügung, und ich begann, nachdem die Vorbereitungen getroffen waren, mein Zen-Training unter Goto Roshi. Ich war sehr dankbar, daß es mir möglich war, bei einem so edlen, gut ausgebildeten Priester und außergewöhnlichen Zen-Meister zu lernen.

Wie es auch meine Vorfahren seit den Zeiten von Rikyu gemacht hatten, gab ich den Namen meiner Kindheit auf und trat in den Priesterstand ein. Nach der Ordination wurde mir ein neuer Name gegeben, der zum Ausdruck bringen sollte, daß ich ein echter Anhänger des Teeweges geworden war. Unter Goto Roshis Anleitung wurden formelle Feierlichkeiten durchgeführt, bei denen mein Kindername Masaoki in Hounsai, Phönix-Wolke, geändert wurde. Schließlich setzte ich, nach weiteren Zeremonien, die mit der Namensverleihung in Zusammenhang standen, mein Zen-Training im Juko-in unter dem Namen Hounsai Genshusoko Koji fort.

Immer, wenn ich mich an meine mühsame Rinzai-Zen-Schulung unter Goto Roshi erinnere, kommen mir zwei Sprichwörter in den Sinn, die mein Lehrer oft zitierte: »Werde zu dem Tusche-Stein, der sich nicht abnutzt, gleichgültig, wie oft er gerieben wird« und: »Frage, und dann bemühe dich eifrig zu verstehen.«

1951 ergab sich für mich die Gelegenheit zu meiner ersten Reise nach Amerika. Zu jener Zeit hatte ich von Goto Roshi das Koan *shujinko* oder »Meister« erhalten. Es ist ein wichtiges Koan, dem die Geschichte des chinesischen Mönchs Zuigan (nach dem mein Meister benannt wurde) zugrunde liegt, eines Meisters, der stets mit sich selber sprach und zu tiefer Einsicht gelangte.

Nach der Überlieferung entwickelte Zuigan eine Methode, allein auf einem Felsen zu meditieren.

>»Shujinko«, rief er zu sich selbst.
>»Ja, ja«, antwortete er.
>»Shujinko, sieh dich vor, und laß dich nicht von anderen täuschen. Machst du vielleicht etwas, das sie veranlassen wird, hinter deinem Rücken zu reden?«

Und dann sagte er unvermittelt: »Shujinko. Warst du gerade am Eindösen?«

»Nein, ich war es nicht«, lautete seine Antwort.

Eine Lehre dieses Koans ist, daß wir das Vertrauen haben müssen, uns selbst zu sagen: »Nein, ich war nicht (eingedöst).« In genau diesem Moment erkennen wir unser wahres Selbst. Indem Goto Roshi mir dieses Koan gab, erinnerte er mich an den Grundsatz, der diesem Koan innewohnt: Daß ich mich selbst erkennen muß, mein eigener Meister sein muß. Ob ich in Japan war oder in Übersee, ob ich Japaner oder Nicht-Japaner unterrichtete, ich sollte mich immer meiner wirklichen Lebenssuche erinnern. Mein Lehrer mußte gefühlt haben, daß sich mir die unschätzbare Gelegenheit bieten würde, mich aus der Distanz ferner Ufer zu prüfen, meine Lebensaufgabe zu verstehen und mein wahres Selbst zu erkennen.

Bei der Vorbereitung meiner Reise dachte ich an die Entwicklung des Teeweges von seinen Anfängen in China bis zu seinem Wurzelschlagen in Japan während des 15./16. Jahrhunderts. Und ich dachte, in ähnlicher Weise sollte ich den Teeweg in Amerika einführen, damit er auch in Übersee ein akzeptierter Übungsweg werden könne.

Als ich nach Amerika ging, erhielt ich die Unterstützung des Brigadegenerals Dike von den Besatzungstruppen in Japan. Er hatte den Teeweg verstehen gelernt und wußte, daß die Japaner keine Barbaren waren. Er glaubte auch, daß in der Übung des Teeweges die japanische Demokratie lebt.

Mein Vater überprüfte jede Kontaktmöglichkeit für mich und schrieb mit eigener Hand eine Liste all derer nieder, die irgendwelche Beziehungen zu Urasenke hatten. Wie ein junger Schüler, der zu einer wichtigen Besorgung geschickt wird, verstaute ich meine kostbare Liste sorgfältig in einem großen Sack, damit ich niemals von ihr getrennt würde. In diesen Reisesack steckte meine Mutter in ein kleines Amulett-Täschchen, das sie genäht hatte, noch einen kleinen Diamanten, den sie immer verborgen gehalten hatte. Er sollte meine letzte Rettung bei irgendwelchen unvorhersehbaren Ereignissen sein. So trat ich meine Reise an, mit den Segenswünschen meiner Familie und dem Gebet im Herzen, daß ich die Klarsicht eines Rikyu haben möge.

Nach unzähligen Stunden im Flugzeug landete ich schließlich auf dem nordamerikanischen Kontinent. Ich hatte sehr wenig Vertrauen in mein Englisch, und meine ganze Habe bestand aus meiner kostbaren Liste, meinem Amulett-Täschchen, einem Reisevisum, ausgestellt von General McArthurs Hauptquartier, einigen Kleidungsstücken und einem Scheck über einen Geldbetrag, der bei der Ausgabe von drei Dollar pro Tag für drei Monate reichen sollte. Wieder fühlte ich mich wie ein kleiner Schuljunge und wunderte mich, wie es mir nur gelingen sollte, durch dieses Jahr zu kommen. Als Angehöriger einer besiegten Nation erwartete ich natürlich nicht, wie ein Gast behandelt zu werden, und ich wünschte auch nicht, allzu abhängig zu werden. Ich mußte streng mit mir selbst sein, um zu vermeiden, mich zu sehr an die materiellen Annehmlichkeiten zu gewöhnen oder, wie es mir in jenen Tagen vorkam, zu »westlich« zu werden.

Zu jener Zeit gab es, mit Ausnahme weniger Menschen wie etwa dem berühmten Zen-Gelehrten Daisetz Suzuki, dem Nobelpreisträger Hideki Yukawa oder dem christlichen Erzieher Hachiro Yuasa, sehr wenige Japaner, die nach Amerika reisten. Obwohl mein Land gegen Amerika gekämpft hatte, lag mir sehr daran, den Amerikanern durch das Zubereiten und Teilen einer Schale Tee das wahre Herz des japanischen Volkes zu zeigen.

Ich erkannte jedoch, daß der Teeweg nicht genügend verständlich wird, wenn man nur sieht, wie jemand eine Schale Tee zubereitet und seinen Erklärungen zuhört. Die Umgebung in den Vereinigten Staaten ist so vollständig verschieden von der, die den Teeweg hervorgebracht hatte, und es wäre falsch zu denken, man könnte diese geistige Übung wie eine Exportware propagieren.

Glücklicherweise gab es sogar vor dem zweiten Weltkrieg Amerikaner, die bei meinem Vater oder Großvater gelernt hatten, und einige hatten sogar, wie mir mein Vater erzählte, Teehäuser gebaut. Ich beschloß jede nur denkbare Gelegenheit zu nutzen, um diese hingebungsvollen Menschen zu treffen. Durch deren Bemühungen hatte sich schließlich eine Anzahl organisierter Gruppen von Teelehrern und Teeschülern gebildet, was zum allmählichen Erblühen des Teeweges in den Vereinigten Staaten führte.

Meine einjährige Reise war von viel Wohlwollen und Begeisterung begleitet, und dies veranlaßte mich, während der nächsten zwanzig Jahre noch viele solcher Reisen zum amerikanischen Kontinent und anderen Ländern in Übersee zu unternehmen.

Goto Roshi lehrte mich, bei meinen Unternehmungen Ausdauer zu bewahren, wobei er mich gleichzeitig tadelte, weil ich zu häufig verreiste. Scherzend sagte er, nicht aus diesem Grunde hätte er mir den Namen Phönix-Wolke gegeben. Er riet: »Du solltest bedächtiger sein und deine Flügel nicht zu weit ausbreiten. Andererseits mag es durchaus deine Lebensaufgabe sein herumzureisen. Jeder Tee-Großmeister in der Geschichte der Sen-Familie hat die Mühsal seiner Zeit auf sich genommen, und ich nehme an, du bist dazu bestimmt, dein Leben diesen Pilgerfahrten in der Fremde zu widmen. Leute wie du sind im großen Ganzen von Geburt an mit Glück gesegnet. Du konntest deine Ausbildung abschließen, hast einen Krieg überlebt, und du solltest sehr dankbar sein für die Möglichkeit so umfangreicher Erfahrungen. Dein Vater verbreitete den Teeweg in der ganzen Nation. Die wichtige Frage ist nun, was deine Lebensaufgabe sein wird.«

Gastgeber und Gast

Ein unscheinbares, verwittertes Gartentor, etwas angelehnt, ist für den Gast das erste Willkommenszeichen bei einer Teezusammenkunft. Die Wege sind mit Wasser besprengt worden; ein Zeichen, daß der Gastgeber bereit ist, die Gäste zu empfangen. Die Gäste kommen etwa zur gleichen Zeit an, gehen durch das äußere Tor und betreten die Eingangshalle, wo sie ihre Straßenschuhe zurücklassen und ihre Mäntel ablegen. Nachdem sie sich im Warteraum niedergelassen haben, wird ihnen in kleinen Schalen heißes Wasser angeboten.

Danach begeben sich die Gäste zu einer überdachten Wartebank am Rande des kleinen Teehausgartens. Still und unscheinbar führt der einfache, mit Trittsteinen angelegte Weg, nach der Art eines moosbedeckten Bergpfades gestaltet, die Gäste durch nah beieinander stehende Bäume und Sträucher. Die Bestimmung dieses Gartens liegt darin, die Gäste zum Teehaus zu leiten. Die Gäste haben während des Gehens die Gelegenheit, ihr alltägliches Leben hinter sich zu lassen, sich zu entspannen und ihren Geist von weltlichen Angelegenheiten zu befreien.

So wie der Garten die Vorstellung eines Bergpfades erweckt, deutet das Teehaus eine einfache Bergklause an. Einfache Materialien, ungestrichene Holzpfosten und Einfassungen, Lehmwände und Dächer aus Stroh oder Baumrinde erlauben dem Bau, sich unaufdringlich in die Umgebung einzufügen.

Nachdem der Gastgeber seine Gäste schweigend begrüßt hat, folgen sie nacheinander dem Gartenpfad bis zum Teehaus. In der Nähe des Eingangs ist ein niedriges Steinwasserbecken im Boden eingelassen, an dem jeder Gast kurz verweilt und sich die Hände reinigt und den Mund spült, um dann, innerlich und äußerlich symbolisch gereinigt, das Teehaus durch einen niedrigen Eingang zu betreten.

Bevor die Gäste kommen, hat der Gastgeber eine Schriftrolle in der Bildnische des Teehauses aufgehängt. Meist ist es die Kalligraphie eines Zen-Priesters oder Teemeisters. Sie soll dazu beitragen, eine bestimmte Stimmung für die Teezusammenkunft entstehen zu lassen.

In einem frisch geformten Bett aus fein gesiebter Asche wird ein

Holzkohlefeuer angezündet und etwas Weihrauch verbrannt. Über das Feuer hat der Gastgeber für die Teezubereitung einen mit Wasser gefüllten Eisenkessel gestellt.

Nach dem Eintreten würdigt jeder Gast die Schriftrolle, das Feuer mit der feingesiebten Asche, den Kessel und alle anderen Teegeräte, die zu sehen sind. Das gedämpfte Licht und die feine Farbgebung der Lehmwände und des natürlich gealterten Holzes schaffen eine Atmosphäre, die den Gast zur inneren Einkehr einlädt. Die Gäste warten still auf das Erscheinen ihres Gastgebers. Der Gastgeber öffnet die Schiebetür, begrüßt jeden Gast, geht dann zurück in den Vorbereitungsraum und beginnt, ein leichtes Mahl aufzutragen.

Die Bedeutung von *kaiseki*, der japanischen Bezeichnung für dieses Essen, leitet sich ab von der Bezeichnung für den warmen Stein, den die Zen-Mönche in früheren Zeiten gegen ihren Magen preßten, um damit den Schmerz von Kälte und Hunger zu lindern. Seit jener Zeit hat *kaiseki* die Bedeutung eines kleinen Mahls, gerade ausreichend, um den Hunger zu stillen.

Dieses Mahl, ein Inbegriff der japanischen Küche, ist der Maßstab, nach dem japanisches Essen beurteilt wird. Höchste Aufmerksamkeit und größte Sorgfalt ist jeder Einzelheit seiner Vorbereitung gewidmet und wird auch beim Auftragen des Essens gewahrt. Die frischen und einfachen Zutaten entsprechen der jeweiligen Jahreszeit. Es gibt eine Auswahl von Speisen, die ihren Ursprung im Meer und auf dem Land haben. Sie sind wundervoll angerichtet und werden auf besonders auserlesener Keramik serviert. Der Gast genießt nicht nur den Geschmack der Speisen, sondern würdigt auch die Art, wie sie gereicht werden. Die Speisen werden so auf dreierlei Weise genossen: mit den Augen, mit der Zunge und mit dem Herzen. Die Eßstäbchen, die beim Essen benutzt werden, sind aus frisch geschnittenem, grünem Bambus und verändern den Geschmack der Speisen nicht.

Nach dem Essen beobachten die Gäste, wie der Gastgeber frische Holzkohle in das Feuer legt. Dann serviert der Gastgeber besondere Süßigkeiten, bevor sich die Gäste wieder hinaus in den Garten begeben, um sich zu erfrischen. Der Gastgeber ersetzt die Schriftrolle durch ein einfaches Blumenarrangement und vervollständigt die Vorbereitungen zum Tee. Um die Gäste wieder zurück in den Teeraum zu bitten, schlägt der Gastgeber einen Gong als Einladung zum formellen »dicken« Tee (*koicha*).

Die Stimmung ist ruhig, die Gäste fühlen sich eins, denn sie alle werden nun aus einer Schale den Tee trinken.

Obgleich die Teegeräte im Vorbereitungsraum schon gesäubert worden sind, werden alle nochmals in Gegenwart der Gäste gereinigt. Die bereitwillige innere Haltung des Gastgebers zu dienen, erlaubt ihm, seinen Atem und seine Bewegungen so in Einklang zu bringen, daß er und seine Gäste sich gemeinsam auf diesen Akt der Teezubereitung konzentrieren können. Der Teebehälter aus Keramik und der Teelöffel aus Bambus werden mit einem Seidentuch symbolisch gereinigt. Mit der Schöpfkelle aus Bambus wird heißes Wasser aus dem Kessel geschöpft und in die Teeschale gegossen. Der Teebesen aus Bambus wird ausgespült und sorgfältig nachgesehen. Die Schale wird ausgeleert und mit einem feuchten Leinentuch getrocknet.

Dampfwolken steigen aus dem Kessel auf. Das summende Wasser tönt wie der Wind, der in den Kiefern singt.

Der Gastgeber gibt eine abgemessene Menge pulverisierten Tees in die Schale, fügt etwas heißes Wasser dazu, vermischt den Tee mit dem Bambusbesen, gibt noch etwas Wasser dazu, vermischt es nochmals und reicht die Schale dem ersten Gast.

Durch die Stille duftet der Wohlgeruch des Tees. Alle Gäste trinken nun aus dieser einen Schale mit dem dicken, dunklen grünen Tee. Dann haben sie die Möglichkeit, den Teebehälter, seinen seidenen Beutel und den Teelöffel näher zu betrachten. Mittlerweile trägt der Gastgeber alle anderen Teegeräte hinaus. Er kommt wieder in den Teeraum zurück, um Fragen über die Teegerätschaften, welche die Gäste inzwischen betrachtet haben, zu beantworten. Welche Form hat der Teebehälter? Wo ist er hergestellt worden? Wer schnitzte den Teelöffel? Hat er einen besonderen Namen? Nach diesem Austausch nimmt der Gastgeber auch diese Teegeräte an sich, verläßt den Raum und verbeugt sich von der Tür aus vor den Gästen.

Bald darauf kommt der Gastgeber wieder herein und bringt die Teegeräte für die Zubereitung von »dünnem« Tee (*usucha*) mit. Die Stimmung ist jetzt viel ungezwungener und der Rhythmus schneller. Für jeden Gast bereitet der Gastgeber individuell eine Schale Tee zu. Bevor er den Tee schlägt, nehmen sich die Gäste von den leichten Süßigkeiten. Während dieser Zeit mag es auch ein anregendes Gespräch geben, und die Gäste mögen den Wunsch haben, den Behälter für dünnen Tee und den Teelöffel näher zu betrachten. Vielleicht werden sie sich nach der Form des Behälters, nach der

Lackarbeit, nach dem Künstler erkundigen, der den Behälter bemalt hat, und nach dem poetischen Namen des Teelöffels. Und bevor die Gäste den Teeraum verlassen, werden sie erneut die Blumen und das Holzkohlebecken betrachten.

Nachdem die Gäste den Teeraum verlassen haben, öffnet der Gastgeber nochmals die Schiebetür des Teehauses, um sich mit einer Verbeugung von seinen Gästen zu verabschieden. Er bleibt im Eingang sitzen, bis sie alle außer Sicht sind.

Einen Augenblick lang sitzt der Gastgeber allein im Raum und läßt die Teezusammenkunft noch einmal vor seinem inneren Auge vorüberziehen. Dann entfernt er alle Teegeräte, reinigt sie, nimmt die Blumen aus der Bildnische und säubert den Raum. Der Teeraum ist leer. Nichts Besonderes ist geschehen aus der Sicht eines zufällig anwesenden Betrachters; bestenfalls war die Erfahrung, sowohl des Gastgebers als der Gäste, ein Mikrokosmos des Lebens selbst.

»Was genau sind die allerwichtigsten Dinge, die man verstehen und im Sinn behalten muß bei einer Teezusammenkunft?« fragte ein Schüler von Sen Rikyu einmal.

Seine Antwort war: »Bereite eine köstliche Schale Tee, ordne die

Holzkohle so, daß sie das Wasser erhitzt; ordne die Blumen so, wie sie auf dem Felde wachsen; im Sommer rufe ein Gefühl der Kühle hervor, im Winter warme Geborgenheit; bereite alles rechtzeitig vor; stelle dich auch auf Regen ein, und schenke denen, mit denen du dich zusammenfindest, alle Aufmerksamkeit.«

Der Schüler war mit dieser Antwort nicht zufrieden, denn er konnte darin nichts von so großer Bedeutung finden, daß es als Geheimnis des Teeweges angesehen werden könnte, und sagte: »So viel weiß ich schon …«

Rikyu antwortete: »Gut, wenn du eine Teezusammenkunft ausrichten kannst, ohne auch nur von einer der Regeln, die ich gerade erwähnte, abzuweichen, will ich dein Schüler werden.«

Diese sieben Regeln von Rikyu waren immer hochgeschätzt und wurden als wichtigste Richtlinien für rechtes Verhalten im Teeweg überliefert. Obwohl wir sie Regeln nennen, scheinen es zunächst nur sieben ganz vernünftige und gar nicht bemerkenswerte Dinge zu sein. Dennoch wäre es voreilig anzunehmen, es sei überflüssig, sie zu diskutieren, denn in unserem täglichen Leben sind sie nur außerordentlich schwer einzuhalten.

Der Teeweg ist nicht nur eine Kunst, eine besondere Fertigkeit oder ein Vergnügen, sondern mehr noch, er ist ein Lebensweg mit einem starken ethischen und moralischen Wesenszug. Die sieben Regeln von Rikyu, welche die innere Einstellung eines Teeübenden definieren, werden als eine grundlegende Lehre angesehen. Wie bei den meisten Wahrheiten, je einfacher die Worte, desto stärker und ehrlicher sind sie und um so eindrücklicher berühren sie unsere Herzen. Ich möchte kurz jede dieser Regeln erörtern in der Hoffnung, daß sie uns helfen werden, den Teeweg verstehen zu lernen.

Betrachten wir die erste Regel: »Bereite eine köstliche Schale Tee.« Die Worte bedeuten einfach, daß der Tee so zubereitet werden soll, daß er köstlich zu trinken ist. Aber was gehört dazu? Vielleicht werden manche denken, daß es von einem modernen Standpunkt aus gesehen keiner komplizierten Überlegung bedarf, wie man den Gästen den Eindruck des »guten Geschmacks« von Tee geben kann.

Es scheint ganz einfach: Zunächst kaufen wir den allerteuersten Tee und beschaffen Wasser, das durch ein Filtersystem läuft, so daß es zu einer vollständig geschmacklosen, geruchlosen und reinen Flüssigkeit wird; wir erhitzen es auf die exakte Temperatur, die den charakteristischen Duft des Tees hervorlockt; schlagen Wasser und Tee schaumig und bieten ihn an, zusammen mit Süßigkeiten bester Qualität. Die Gäste werden gar nicht anders können, als alles herrlich zu finden. Dazu zeigen wir unser großes Bemühen um unsere Gäste durch verschwenderische Ausgaben bei der Gestaltung des Raumes und des Gartens. Wenn das nicht genug ist, bauen wir einen Teeraum aus Gold und Schmuck, feilschen bei den Händlern um berühmte Teegeräte, hängen eine Schriftrolle von hoher, verbürgter Qualität auf und benutzen eine berühmte Teeschale, die aus dem Besitz einer bedeutenden Familie stammt. Wir versäumen es auch nicht, alle Teegeräte so auszuwählen, daß sie keine Fehler oder Mängel aufweisen; und schließlich führen wir die ganze Zeremonie mit solch offensichtlich hoher technischer Geschicklichkeit durch, daß die Gäste in ehrfürchtigem Schweigen verstummen. Wenn wir all das tun, so werden einige annehmen, wird der Gast unzweifelhaft glauben, an einer köstlichen Schale Tee Anteil gehabt zu haben.

Aber ich frage mich, ob nicht etwas von einzigartiger Wichtigkeit versäumt wurde. Sicherlich werden einige zufrieden nach Hause zurückkehren, ihr Sinn von »Geschmack« scheint befriedigt, wenn der Gastgeber Geld ausgibt und viel Überlegung und Mühe aufwendet, um seine Gäste zu unterhalten. Dies allein ist aber nicht mehr als ein Vergnügen, eine Weise, sich in der Gesellschaft anderer zu amüsieren. Der Teeweg lehrt uns jedoch viel mehr: Er lehrt uns über das

Zubereiten und Entgegennehmen einer Schale Tee einen Lebensweg. Deshalb sind ausreichende materielle Mittel nicht genug. Was aber fehlt dann? Es gibt den Raum, in dem man sitzen kann, die Geräte, mit denen Tee zubereitet werden kann und genug Wasser und Tee. Was fehlt, ist das aufrichtige Herz des Gastgebers.

Einmal wurde Rikyu von einem Teepflanzer eingeladen. Von Freude überwältigt, daß dieser seine Einladung angenommen hatte, führte ihn der Teepflanzer in den Teeraum und bereitete für Rikyu den Tee selbst zu. In seiner Aufregung zitterte jedoch seine Hand so sehr, daß er den Teelöffel fallen ließ und den Teebesen umstieß. Die anderen Gäste, Schüler von Rikyu, kicherten über die ungeschickte Teezubereitung des Teepflanzers. Aber Rikyu war sehr bewegt und sagte: »Dies war der beste Tee.«

Auf dem Heimweg wurde Rikyu von einem seiner Schüler gefragt: »Weshalb warst Du so beeindruckt von einer solch schimpflichen Darbietung?« Rikyu antwortete: »Dieser Mann lud mich nicht ein mit der Absicht, mir seine Geschicklichkeit zu zeigen. Er wollte mir einfach mit seinem ganzen Herzen Tee anbieten. Er gab sich selbst völlig hin, um eine Schale Tee für mich zuzubereiten, ohne sich über irgendwelche Fehler Sorgen zu machen. Ich war betroffen von dieser Aufrichtigkeit.«

Die Bedeutung der zweiten Regel: »Ordne die Holzkohle so, daß sie das Wasser erhitzt« kann nur sein, daß es genügt, ein Holzkohlefeuer so aufzubauen, daß das Wasser richtig erhitzt wird. Aber dieser Vorgang darf nicht nur als einfaches Hineinlegen der Holzkohle angesehen werden, die dann entzündet wird. Die Handhabung der Holzkohle und deren richtige Anordnung im tragbaren Holzkohlebecken oder in der eingelassenen Feuerstelle im Boden ist genauso wichtig zu lernen wie das Zubereiten einer Schale Tee. Die richtige geistige Grundeinstellung des Gastgebers wird hier erkennbar. Ein Feuer, das richtig angeordnet ist, wird wirkungsvoll brennen und das Wasser auf eine Temperatur erhitzen, durch die der Duft des Tees am besten zur Entfaltung kommt. In einem tieferen Sinn lenkt diese Regel die Aufmerksamkeit auf die Heiterkeit und Gelassenheit des Geistes, die dann entstehen, wenn jemand all sein Wissen und seine technischen Fähigkeiten für diese eine Aufgabe einsetzt: dem Wohl des Gastes zu dienen.

Der ganze Teeweg enthält im Ideal eine Schönheit, von der man sagen kann, daß sie mit *chabana*, Blumen für Tee, vollkommen ausgedrückt wird. Worin genau liegt nun die Schönheit? Welche Art Blumen werden verwendet, und wie sollte man sie anordnen? »Ordne die Blumen so, wie sie auf dem Felde wachsen«, die dritte Regel, deutet die Antwort an. *Chabana* hat keine Verwandtschaft zu den verschiedenen Richtungen des Ikebana, des Blumensteckens. Es gibt keine Grundregeln des Aufbaus oder der Komposition, noch Regeln der Einschränkungen, die von religiösen Überzeugungen herrühren. Jedoch werden Blumen wie Hahnenfuß oder Seidelbast im allgemeinen nicht für *chabana* benutzt, weil ihre starken Farben und Düfte für den Teeraum nicht geeignet sind.

Selbst wenn die Regel bestimmt: »Ordne die Blumen so, wie sie auf dem Felde wachsen«, bedeutet dies nicht, daß der Gastgeber ein oder zwei Stengel nehmen und sie so in die Vase stellen sollte – in Nachahmung ihres zufälligen Blühens auf den Wiesen oder auf den Berghängen. Vielmehr sollte der Gastgeber versuchen, dem Gast das ganze Leben, das in jeder Blume liegt, nahezubringen, das heißt, die individuelle Schönheit, die alle Blumen von Natur aus besitzen, die einzigartige Vergänglichkeit, die den Blumen von der Natur verliehen ist. Diese Schönheit, die in allen Blumen verborgen ist, kann in einer einzigen Blüte erfahren werden. Mit anderen Worten: Statt blind auf ein Arrangement von vielen Blumen zu sehen, erkennen wir das kostbare Leben aller Blumen, wie es in einer einzigen Blüte sichtbar wird.

Rikyu war sich dieser Schönheit immer bewußt, und es gibt eine berühmte Geschichte, die seine Fähigkeit schildert, sie ans Licht zu bringen:

Eines Sommers arbeitete Rikyu mit großer Hingabe in einem Garten voller Windenblüten. Zu jener Zeit war dies eine sehr seltene Blume, die von Händlern nach Japan gebracht worden war, und viele Menschen sprachen von ihrer frischen, einzigartigen Schönheit. Diese Nachricht drang auch bis zu dem Feldherrn Hideyoshi, und da er die Blume mit eigenen Augen sehen wollte, bat er Rikyu um eine morgendliche Teezusammenkunft. Rikyu begann unverzüglich mit den Vorbereitungen für den Besuch Hideyoshis.

Der Tag der Teeeinladung kam, und in Erwartung, die Windenblüten in verschwenderischer Fülle blühen zu sehen, machte sich Hideyoshi auf. Als er durch das Haupttor von Rikyus Haus trat, sah er nicht eine einzige Blüte. Auch auf dem Weg zum Teeraum entdeckte er keine Blumen, und das kühle Wasser im niedrigen Steinwasserbecken reflektierte nichts als den Himmel und das Grün der Natur. Bestürzt betrat er den Teeraum; dort, im gedämpften Licht der Papierfenster, sah er eine einzige Windenblüte in Vollendung. Sie schwamm zart und weiß, unauffällig, noch feucht vom Tau in einer Vase, die in der Bildnische hing.

Historisch bedeutet *chabana* ein oder zwei Blumen oder Zweige in einem einfachen Blumengefäß. Dies hat sich bis heute nicht verändert. Der Tee-Klassiker *Namboroku* erwähnt zum Beispiel »eine einzige Chrysantheme in einem weit offenen Gefäß«; »weiße Pfirsichblüten in einem Korb«; »eine Chrysantheme in einer enghalsigen Vase«; »Iris in der Länge eines Bambus«. Wieviel Demut zeigt all dies!

Eine Blume, die Rikyu besonders gern arrangierte, war die Kamelie. Weil die ganze Blüte abfällt, sobald sie ihre Frische verloren hat, denken manche Schüler des Blumensteckens in Zusammenhang mit der Kamelie an Enthauptung, und sie wird aus diesem Grunde als nicht geeignet angesehen. Für *chabana* dagegen wird die schlanke Schönheit der Kamelie besonders geschätzt. Bei einem formellen Blumenarrangement wird es auch als eine mangelhafte Anordnung betrachtet, wenn eine Blüte unterhalb der Öffnung der Blumenvase herabhängt; in *chabana* spielt dies keine Rolle. Schließlich scheint »ordne die Blumen so, wie sie auf dem Felde wachsen« uns sagen zu wollen, sie möglichst natürlich zu arrangieren. Nicht wie sie in ihrem wildwachsenden Zustand erscheinen, sondern verschönert durch die Geschicklichkeit und das Herz desjenigen, der diese Schönheit durch die Übung auf dem Teeweg sucht.

Die vierte Regel: »Im Sommer rufe ein Gefühl der Kühle hervor, im Winter warme Geborgenheit« weckt den Anschein, aus zwei Teilen zu bestehen. Dies ist aber eine unwesentliche Einzelheit. Vom zugrundeliegenden Geist aus gesehen, sind die beiden ein und dasselbe. Vom Juni bis einschließlich August wird von den Teeübenden die beste Weise, den Sommer zu verbringen, mit dem Satz wiedergegeben: »Der gewisse Hauch von Kühle.« Diese Kühle wird nicht mechanisch durch einen Ventilator oder eine Klimaanlage erzeugt. Auch ist es nicht irgendein anderer Kunstgriff, der uns hilft, die Hitze besser zu ertragen. Es geht vielmehr darum, mit einer positiveren Lebenseinstellung die Hitze des Sommers zu genießen.

Um sich vorstellen zu können, wie das aussehen kann, wollen wir ein Beispiel betrachten. Dabei ist zu beachten, daß es drei Gebiete gibt, auf die es sich bezieht: den Gartenpfad, den Teeraum und die Auswahl der Teegeräte.

Wir sind zu einer formellen Teezusammenkunft Anfang August eingeladen worden. Der Gastgeber hat uns gebeten, um sechs Uhr morgens zu kommen. Auf dem Gartenpfad zum Teeraum stellen wir fest, daß der Gastgeber daran gedacht hat, die Trittsteine mit kühlem Wasser zu besprengen. Das tiefe Grün der Sträucher und des Mooses scheint noch die Kühle der eben zu Ende gegangenen Nacht bewahrt zu haben. Das Wasser im Steinbecken erinnert an einen kühlen, klaren Teich. Der Gastgeber hat einen vollkommenen Zufluchtsort für uns geschaffen. Wir betreten den Teeraum. Er ist erfrischend schmucklos mit Ausnahme einer Schriftrolle, die in der Bildnische (*tokonoma*) hängt. Natürliches Licht dringt durch Bambusvorhänge herein, die vor den Fenstern hängen. Beim Betrachten der Schriftrolle bewundern wir die Art, in der das darauf geschriebene Gedicht uns den »gewissen Hauch von Kühle« zu verstehen gibt. In dem Holzkohlebecken aus Keramik gibt es einen kleinen, zylindrischen Wasserkessel aus Eisen, feucht wie von Tau bedeckt.

Ein grobgeflochtener Korb wird in den Raum gebracht. Darin sind die Geräte, die für das Anordnen der Holzkohle in das Kohlebecken gebraucht werden. Aus der Tiefe des Korbes holt der Gastgeber einen rotlackierten Weihrauchbehälter mit Schnitzereien auf dem Deckel, die einen Angler darstellen. Der noch feuchte Wasserkessel wird wieder auf die frisch gelegte Holzkohle aufgesetzt.

Als nächstes wird ein leichtes Mahl gereicht. Von besonderem Interesse ist der Reisbehälter mit einem Korbmuster aus schimmernd grünen Blättern. Dann, nach dem Auftragen einer eisgekühlten Süßigkeit, schlägt der Gastgeber vor, daß wir den Teeraum verlassen, um uns auszuruhen und den schattigen Garten zu genießen, während er den Raum reinigt und die Geräte für die Teezubereitung vorbereitet.

Beim Zurückkehren in den Raum bemerken wir, daß die Schriftrolle entfernt wurde; an ihrem Platz in der *tokonoma* hängt nun ein schmaler Korb aus geflochtenem Bambus mit einer weißen Hibiskusblüte und einem langen dünnen Blatt von Sommergras, noch feucht vom Tau. Der Frischwasserbehälter ist aus grobem Holz in Form eines Brunneneimers, seine Oberfläche gänzlich befeuchtet. Der poetische Name des Teelöffels deutet »kühles Lüftchen«, »Regenschauer« oder andere Dinge, die im Sommer Kühle bringen, an. Die kräftig wirkende Teeschale für den »dicken« Tee ist leicht bemalt.

Bei morgendlichen Teezusammenkünften wird unmittelbar nach dem »dicken« Tee ein »dünner« Tee in flachen Sommerschalen zubereitet. Die Zusammenkunft endet gegen neun Uhr. Beim Zurückdenken erinnern wir uns, wie ungekünstelt und bescheiden die Teegeräte waren und wie die Achtsamkeit des Gastgebers auf die

Auswahl jedes Stückes gerichtet war, um damit die Vorstellung von Kühle für diesen morgendlichen Tee zu erwecken.

Der zweite Teil des Satzes »… im Winter warme Geborgenheit«, entspricht der Andeutung von Kühle im Sommer; die Grundlagen sind genau dieselben. Die Vorbereitung des Gartenpfades, die Wärme des Teeraumes, die Auswahl der Geräte, um sowohl Wärme anzudeuten, als sie auch tatsächlich zu vermitteln; die Farbe der brennenden Holzkohlen, die in der eingelassenen Feuerstelle verglühen, oder das sanfte, beruhigende Leuchten der Steinlaterne; all dies wird sorgfältig erwogen, um den Gästen den Segen der Natur und die Wärme des menschlichen Herzens zu vermitteln.

»Bereite alles rechtzeitig vor«, die fünfte Regel, bedeutet, eine vereinbarte Uhrzeit genau einzuhalten und beim rechtzeitigen Vorbereiten auch das Unvorhersehbare in Betracht zu ziehen.

In Japan wird großen Wert auf Pünktlichkeit gelegt, damit öffentliche Einrichtungen mit größter Leistungsfähigkeit und Wirtschaftlichkeit arbeiten können. Es ist interessant, daß sogar zur Zeit von Rikyu Pünktlichkeit sehr betont wurde. Beim Lehren des richtigen Verhaltens legte Rikyu Wert darauf, einen gewissen Spielraum für

Gast oder Gastgeber zu gewähren. Diese Berücksichtigung von Unzulänglichkeiten und unvorhersehbaren Ereignissen drückt die Achtung vor der Zeit aus. Bei einer Teezusammenkunft oder auch bei anderen Gelegenheiten ist es schlimm genug, seine eigene kostbare Zeit zu vergeuden, aber die Zeit von anderen nutzlos zu vertun, ist noch schlimmer. Kurz gesagt, seine eigene Zeit zu schätzen und einen gewissen Zeitspielraum zu berücksichtigen, bedeutet die Zeit anderer zu respektieren.

Bei Regel sechs: »Stelle dich auf Regen ein« könnte man sich einen englischen Gentleman mit einer Melone und einem schwarzen Anzug, der seinen Regenschirm unter dem Arm trägt, vorstellen. In einer Stadt wie London muß man ständig mit Regen rechnen. Hält man eine Teezusammenkunft ab, weiß man auch nie, was alles passieren kann, wenn es regnet. Man darf solche Aufmerksamkeiten für die Gäste, wie Regenschirme und besondere Holzsandalen für den nassen Garten bereitzustellen, nicht vernachlässigen.

Mit dieser Regel erinnert uns Rikyu weiter daran, daß wir niemals nachlässig in unseren Vorbereitungen sein sollten und daß wir fähig sein sollten, uns ruhig den jeweiligen Umständen anzupassen. Das Hauptziel des Teelehrers ist es, im Schüler die Fähigkeit zu entwickeln, auf alle Ereignisse mit Gelassenheit, einem offenen Herzen und einem freien und unmittelbaren Geist zu reagieren, was immer auch geschehen mag.

Ein Sprichwort sagt: »Hat man sich vorbereitet, dann gibt es kein Bedauern.« Während »stelle dich auf Regen ein«, einfach heißt, daß wir in allen praktischen Einzelheiten Vorbereitungsmaßnahmen treffen sollten, bedeutet es darüber hinaus, daß unsere innere Einstellung wichtig ist. Es ist das freie und großmütige Herz, auf das es ankommt. Wenn wir uns in unserer Übung auf dem Teeweg bemühen, so ist es nicht so schwierig, das nötige Selbstvertrauen zu gewinnen; und wie immer dann auch die Umstände sein mögen, so werden wir uns doch ungezwungen erfolgreich behaupten können.

Einmal hielt Rikyu eine Teezusammenkunft ab, zu der er auch einen Kaufmann eingeladen hatte. Als die Zubereitung des Tees schon begonnen hatte, wurde Rikyu von einem mächtigen Adligen geschäftlich besucht, und als dieser von der Teezusammenkunft erfuhr, bat er, als Gast zugelassen zu werden. Rikyu antwortete, daß der Kaufmann der Ehrengast sei, doch sei er willkommen, wenn er bereit wäre, im Raum eine untere Rangordnung einzunehmen. Der Adlige hatte keine Einwände, nahm ohne den geringsten Widerwillen den niedersten Platz ein, und die Teezusammenkunft ging angenehm weiter. Wie es im *Namboroku* berichtet wird:

> Die Teekunst im Stil der strohgedeckten Hütte
> folgt dem Geist des Meisters (Rikyu);
> die Gleichheit Edler und Einfacher,
> verwirklicht als grundlegendes Element im Pfad,
> der zum Teeraum führt, übertrifft die Regeln der Tempel
> und ist verehrungswürdig.

Man empfindet hohe Wertschätzung für die Unerschrockenheit Rikyus, der es ablehnte, dem Mächtigen zu schmeicheln und, gemäß Geist und Regeln des Tees, einen großen Fürsten auf den letzten Platz wies, weil bereits ein Ehrengast da war – obwohl dieser nur ein Kaufmann war. Gleichzeitig kann man nicht die Bewunderung für den Adligen verhehlen, der bereitwillig den niedersten Rang einnahm und den Tee genoß.

In dieser Geschichte können wir zwei geistige Aspekte des Teeweges erkennen. Der eine ist die innere Einstellung, alle menschlichen Wesen gleich zu achten, ob sie berühmt oder gänzlich unbekannt sein mögen. Soziale Maßstäbe wie hoch oder niedrig, reich oder arm haben im Teeraum keinen Platz. Der andere Aspekt ist die siebte Regel: »Schenk denen, mit denen du dich zusammenfindest, alle Aufmerksamkeit.« Weder Gastgeber noch Gast handeln einfach so, wie es ihnen gefällt, sondern beide handeln in gegenseitiger Rücksichtnahme; beide erfahren Freude in den Augenblicken, in denen sie gemeinsam im Teeraum weilen.

Die unentbehrliche Voraussetzung jeder Teezusammenkunft ist, daß es Gastgeber und Gast gibt. Ihre Beziehung ist von einzigartiger Bedeutung. Aus diesem Grund müssen wir große Aufmerksamkeit darauf verwenden, sie harmonisch zu gestalten.

Betrachten wir das japanische Schriftzeichen für das Wort »menschliches Wesen«, *ningen*, näher, können wir erkennen, daß der Mensch nur in der Beziehung des Raumes zwischen einer und einer anderen Person verstanden werden kann. Das erste Zeichen, »Person« (*nin*), und das zweite, »Zwischenraum« oder »Raum« (*gen*), deuten darauf hin, daß man ein wahrer Mensch erst durch die Interaktion mit dem Mitmenschen wird.

Unabhängig davon, ob man als Gastgeber oder Gast an einer Teezusammenkunft teilnimmt, müssen wir uns daran erinnern, daß es weder Publikum noch Darsteller gibt, sondern nur ein echtes Zusammenwirken von Menschen. Nur durch eine einfühlsame und gegenseitige Wechselwirkung können Gastgeber und Gast eins werden.

Es wurde oft gesagt, daß das Teeideal, das man anstreben sollte, durch den Zen-Ausdruck *muhinshu* beschrieben wird. *Mu* bedeutet »Nichts« und deutet auf Nichtvorhandensein; *hin* bezeichnet den Gast oder jemanden, der ein Zen-Training absolviert hat; *shu* bezieht sich auf den Gastgeber. Natürlich bedeutet dies nicht die buchstäbliche Nichtexistenz von Gastgeber und Gast, sondern die Abwesenheit einer Differenz zwischen beiden. Wenn Gastgeber und Gast bei einer Teezusammenkunft in Harmonie sind, verschmelzen sie zu einer einzigen Einheit, die ihre jeweilige Rolle transzendiert.

Von großer Bedeutung für den Teeweg ist der Begriff *kokoro ire*. Bestehend aus zwei Zeichen, drückt das erste »Herz-Geist-Seele-Gemüt« aus, das zweite bedeutet so etwas wie »einsetzen«. Mit anderen Worten: Der Gastgeber setzt sein ganzes Sein bei der Vorbereitung für eine Teezusammenkunft ein und führt seine Rolle in der Absicht aus, eine Stimmung zu schaffen, in der der Gast Stille und Gelassenheit finden kann. Der Gast betritt den Teeraum mit der

Absicht, dem Gastgeber durch sein offenes Annehmen sein ganzes Herz und seinen Geist zu geben für all das, was der Gastgeber für ihn tut. Dies ist nicht nur eine Frage der Form, sondern darin drückt sich aufrichtige Dankbarkeit aus.

Beim Tee hört man oft den Ausdruck *ichigo ichie*. Er bedeutet »ein Augenblick, ein Zusammentreffen«. Jede Teezusammenkunft ist die Gelegenheit zu einer Erfahrung, die im Leben unwiederholbar einzigartig ist.

Als der Zen-Priester Kokei, seit langer Zeit ein Freund von Rikyu, von Hideyoshi ins Exil geschickt wurde, veranstaltete Rikyu zum Abschied eine Teezusammenkunft für ihn. Bei dieser besonderen Gelegenheit hängte Rikyu eine Schriftrolle mit der Kalligraphie eines Zen-Meisters auf; diese Kalligraphie gehörte zu den wertvollsten Teegerätschaften Hideyoshis und war Rikyu zur Restaurierung anvertraut worden. Wenn Hideyoshi gewußt hätte, daß Rikyu es wagte, dieses Rollbild aufzuhängen, besonders zum Abschied für einen Mann, den Hideyoshi gerade ins Exil verbannt hatte, würde Rikyu dies vielleicht das Leben gekostet haben. Aber da dies aber der endgültige Abschied von seinem Freund Kokei war, kam bei Rikyus

Auswahl dieser Schriftrolle der Geist von *ichigo ichie* offensichtlich vollkommen zum Ausdruck.

Wo sonst in der Welt erlebt man das Zubereiten einer Schale Tee in so höflicher Form? Ein Gast sagt zu dem Gast neben ihm: Entschuldigen Sie bitte, daß ich vor Ihnen trinke.« Der zweite Gast erwidert: »Bitte nach Ihnen.« Der erste Gast stimmt zu und sagt zum Gastgeber: »Ich nehme den Tee dankend an.« Er geht nicht davon aus, daß er natürlicherweise die erste Schale Tee nehmen wird, nur weil ihm der oberste Platz angewiesen wurde. Wenn er seine Teeschale geleert hat, dringt der nächste Gast oft darauf, er möge noch eine zweite vor ihm trinken. Der erste Gast nimmt dies nicht sofort an, sondern sagt statt dessen: »Ich hatte schon eine Schale, bitte trinken Sie jetzt den Tee.« Diese Höflichkeitsformen bilden die Grundlage für eine tiefe Beziehung, die zum Ausdruck bringt: Ich bin nicht zufrieden, wenn ich alleine trinke; laßt uns im Wechsel trinken. Dieser Geist der Fürsorge für den anderen ist ein sehr wichtiger Grundsatz, der sich auch in unserem Alltag verwirklichen läßt.

Oft wird gefragt, warum der Gastgeber sich den Gästen nicht anschließt. Normalerweise ist es so, daß der Gastgeber sich zurückhält, während die Gäste sich unterhalten. Es gibt natürlich besondere Fälle, in denen sich der Gastgeber den Gästen, auf ihre Veranlassung hin, anschließt, aber meistens lehnt er ab, um seinen ganzen Geist und Körper auf sein Dienen zu konzentrieren. Diese gewissenhafte Achtsamkeit, die vom Gastgeber gefordert wird, wird nicht als Last empfunden, sondern als eine besonders feinfühlige Form des Zusammenseins.

Warteraum

Teehaus

Teeraum

Tokonoma (Bildnische)

Behälter für »dicken« Tee

Teeschale

Schriftrolle

Chabana (Blumen für die Teezusammenkunft)

Form und Gestalt

Die Geschichte des Teeweges kann fast als die Geschichte der japanischen Kultur angesehen werden. Während des 15. Jahrhunderts erquickten sich die Gäste bei einem gemächlichen Spaziergang durch die Gärten des *Kinkakuji* (goldener Pavillon) und *Ginkakuji* (silberner Pavillon). Sie folgten dem Gartenpfad, der um einen künstlichen See führte, blieben gelegentlich stehen, um die phantasievollen Miniaturwiedergaben berühmter Ansichten zu bewundern. Sie betraten vielleicht einen der ausgedehnten Räume, um die große Prachtentfaltung chinesischer Wandbilder und Keramik zu betrachten. Im Weitergehen gelangten die Gäste in einen zweiten Raum, in dem ein verschwenderisches Bankett angerichtet war. Nach dem Probieren der Leckerbissen tranken sie dann Tee. Zu jener Zeit schätzte man nur Dinge chinesischer Herkunft; die ausschließliche Verwendung chinesischer Geräte zur Teezubereitung machte dies deutlich.

Murata Shuko widersetzte sich dieser Haltung. Er lehrte, daß die Teezubereitung dazu dienen sollte, Gelassenheit zu vermitteln, statt derartige Zurschaustellungen zu inszenieren. Ein Teil seines Vermächtnisses an seine Schüler und später an alle Japaner war seine Vorliebe sowohl für japanische Teegeräte als auch für solche chinesischer Herkunft. Shuko sagte, daß er den Mond, der teilweise von Wolken verborgen wird, besonders schätze. Nicht von dem hellen Mond an einem klaren Himmel, sondern von dem Mond, der hinter den Wolken erscheint, war er zutiefst berührt. Im gleichen Geist zog er die stille Schönheit von einfachen, nicht unbedingt fehlerfreien Dingen vor. Die Suche nach Schönheit in solchen Gegenständen veranlaßte ihn zu der Aussage: „Das Allerwichtigste ist es, in den japanischen Dingen ebensoviele bewundernswürdige Wesenszüge zu finden wie in chinesischen Teegeräten.« In diesen Lehren folgte ihm Takeno Jo-o, der die Teezubereitung weiter vereinfachte und danach trachtete, sie in noch schlichterem Rahmen durchzuführen.

Am Ende war es Sen Rikyu, der die Lehren der Vergangenheit zusammenfügte und innerhalb des Übungsweges ein Gefühl für große Einfachheit erweckte. Im Bemühen, die vielen Elemente, die dem Teeweg – und dem gewöhnlichen Lebensweg – gemeinsam sind, zusammenzubringen, hatte er eine ausgesprochene Vorliebe für einheimische und koreanische Teegeräte. Diese waren im allgemeinen weniger elegant als die chinesischer Herkunft. Seine Bewunderung für gewöhnliche Keramik beeinflußte auch die einheimischen Töpfer und heute wird Rikyu auch als Wegbereiter für die Entwicklung der japanischen Keramik-Kunst angesehen.

Wenden wir uns der Zeit von Rikyu zu, ist es nicht schwierig, sich eine Vorstellung von der Welt des Tees inmitten von Chaos zu machen: mit Teekennern, die miteinander im Wettstreit lagen und die Teezusammenkünfte als Forum für Streitereien über Politik und religiöse Fragen mißbrauchten.

Unter diesen Bedingungen gab Rikyu durch seine erleuchtete Lehre dem Teeweg Gestalt:

> Des Teeweges Urgrund:
> Wasser sieden lassen,
> Tee schlagen und
> ihn mit aufrichtigem Herzen trinken –
> mehr nicht!
> Dies sollte man wohl wissen.

Die Einsicht Rikyus war eine Ermahnung an die Teewelt seiner Tage, und seine Anschauungen sind uns bis heute als grundlegende Philosophie überliefert. Wenn jedoch der Teeweg letztendlich in der schmucklosen Einfachheit von Rikyus Gedicht ihren Ausdruck finden kann, warum wurde dann so viel Aufhebens gemacht um etwas offensichtlich so Einfaches? Das Schwierige liegt im Pfad zur Erlangung dieser Einfachheit, und es gibt keinen Weg, um schnell zu diesem Punkt zu gelangen.

Zu jedem Teeraum führt ein Gartenpfad, *roji* genannt. Die wörtliche Bedeutung von *roji* ist »taubedeckter Pfad«. Im Buddhismus wird die Welt, in der wir leben, als »das brennende Haus der drei Welten« bezeichnet. Wir gehen über den »taubedeckten Pfad«, verlassen das »brennende Haus« und leben für einen Augenblick an einem Ort der Reinheit und Offenbarung. Auf diesem Gartenpfad zu gehen bedeutet, weltliche Titel, Stellung und Vermögen abzulegen.

Durch den Garten, dessen Stimmung an Berge oder tiefe Täler erinnert, gelangt man zum Teehaus. Die sehr niedrige, kleine Tür, die etwa in Kniehöhe in die Wand eingelassen ist (*nichiri guchi*), verlangt eher ein Durchkriechen als ein Durchschreiten, um in das Teehaus zu gelangen. Vor vierhundert Jahren, als sich die gesellschaftlichen Klassen deutlich voneinander unterschieden und die Samurai Schwerter trugen, wurde dadurch gewährleistet, daß niemand ein Teehaus mit Waffen betreten oder irgendwelches Eigentum mit hineinnehmen konnte; außer den Dingen, die für die Teezusammenkunft gebraucht wurde. An der Außenseite des Teehauses war in der Nähe des Eingangs eine Ablage angebracht, wo die Samurai ihre Waffen zurücklassen konnten. Weil der Eingang sehr niedrig ist, muß selbst die kleinste Person ihren Kopf beugen und dabei auf ihre Füße blicken. Dies ist für einen Menschen eine bedeutsame Geste, weil die Erfahrung, einen Raum mit gesenktem Kopf zu betreten, eine Erfahrung ist, die Demut ausdrückt und die eine gewisse Veränderung im Verhalten bewirken wird.

Der Teeraum selbst ist ein schmuckloser Raum, leer von allem, ausgenommen der eigenen baulichen Elemente. Bei einer Einladung muß deshalb der Gastgeber in gewisser Weise »seinem Wirkungsbereich eine Form geben«. Dafür gibt es bestimmte Regeln, die der Gastgeber entsprechend seinem Gefühl, seinen Erfahrungen und Fähigkeiten auf vielfältige Weise abändern kann. Der Raum kann einfach gestaltet werden, in gedämpften Farbtönen wie dem Schwarz und Weiß einer Tuschmalerei, oder er kann farbig sein. Der Gastgeber muß eigentlich so etwas wie ein Innenarchitekt sein. Dies setzt natürlich gewisse Fähigkeiten voraus, aber wichtiger noch ist die Kunst, die verschiedenen Elemente zu kombinieren, und die große Sorgfalt, mit der die verschiedenen Teegeräte aus Ton, Metall, Holz, Lack und anderen Materialien geschmackvoll, aber zurückhaltend zusammengestellt werden. Diese Zusammenstellung ist Teil jeder Teezusammenkunft.

Mit besonderer Sorgfalt wird die Schriftrolle, die in der Bildnische des Teeraumes aufgehängt wird, ausgewählt. Sie ist eines der direktesten Mittel für den Gastgeber, das Thema für eine besondere Teezusammenkunft zum Ausdruck zu bringen. Oft ist die Schriftrolle von einem Zen-Meister geschrieben und gibt eine klassische Zen-Weisheit, ein Gedicht oder irgendwelche anderen geeigneten Worte wieder, sie kann aber auch bemalt sein.

Es wäre falsch anzunehmen, daß man eine Schriftrolle schon dann gut ausgewählt hat, wenn sie mit der Bildnische und den räumlichen Gegebenheiten des Teeraums harmoniert. Abgesehen vom künstlerischen Wert, der Größe, Form, Farbe und anderen Eigenschaften, muß man bei der Auswahl einer Schriftrolle auch die Jahreszeit in Betracht ziehen. Im Teeweg ist die jeweilige Jahreszeit von großer

Bedeutung. Man sagt: »Der Frühling hat die Blumen, der Sommer die kühlen Winde, der Herbst den Mond und der Winter den Schnee.« Um die Jahreszeit am besten zu würdigen, hängt der Gastgeber eine passende Schriftrolle auf. Im Herbst ist ein herbstliches Thema am besten, im Winter ein Winter-Thema. Kleine Aufmerksamkeiten dieser Art sind sehr wesentlich.

Schriftrollen haben viele Bedeutungen. Sie können Jahreszeitliches repräsentieren oder bestimmte Gefühle erwecken. Wenn die Gäste die Schriftrolle betrachten, werden sie durch ihre Botschaft berührt sein oder den Zauber einer Jahreszeit genießen.

Im *Namboroku* heißt es, daß »die Bedeutung der Kalligraphie einer Schriftrolle sowohl bei der Person, die die Worte verfaßte, wie bei der Person, die sie niederschrieb, liegt.« Vertrautheit mit dem Leben und Denken der Person, die die Schriftrolle verfaßte, ebenso wie der tatsächliche Sinn der Worte oder der Malerei; all das trägt dazu bei, dem Gast das Thema der Teezusammenkunft verständlich zu machen.

In der Bildnische werden auch Blumen arrangiert, die ebenso sorgfältig auszuwählen sind – einfache und zurückhaltende Blumen, entsprechend der jeweiligen Jahreszeit. Im Gegensatz zu den meisten

Vorstellungen über Blumen-Arrangements, bei denen die Blumen »künstlerisch« angeordnet werden, stellt man zum Tee die Blumen so auf, wie sie in der Natur vorkommen. Rikyu lehrte, daß Blumen bei der Teezusammenkunft so sein sollten »wie sie auf dem Felde wachsen«. Doch ist nichts schwieriger, als der Versuch, sie in solcher Weise anzuordnen. Dies kann nur mit einer inneren Einstellung erreicht werden, die mit der Natur im Einklang ist. Mit dieser Einstellung sind Schriftrolle und Blumen in ihrer Vase unter Berücksichtigung des Teeraums selbst, der Bildnische und des Themas der Teezusammenkunft so anzuordnen, daß in ihrer Gegensätzlichkeit eine Harmonie entsteht.

Rikyu war der Meinung, daß der Teeraum selbst nichts beinhalten sollte, was den Geist ablenken könnte, und daß er der Ort sei, an dem Teegeräte von verschiedener Farbe, Größe und Gestalt mit dem Wesen der einzelnen Gäste so zusammenzubringen seien, daß sie alle in ihren besonderen Eigenschaften eine harmonische Verbindung bilden. Dies gilt auch heute noch. Bei der Teezusammenkunft muß man stets auf die Einzelheiten der Auswahl achten, um diese Harmonie schaffen und erhalten zu können.

Die rechte Kombination der verschiedenen Teegeräte offenbart das Herz und die Aufrichtigkeit des Gastgebers. Wie die einzelnen Geräte und ihre verschiedenen Eigenarten eingesetzt werden, sind deshalb Fragen von großer Wichtigkeit.

Um Tee zuzubereiten, sind verschiedene Geräte erforderlich, wie zum Beispiel ein Behälter für den grünen, pulverisierten Tee; ein Löffel, um diesen Tee abzumessen; ein Teebesen und eine Teeschale, in welcher der pulverisierte Tee vor dem Trinken mit heißem Wasser aufgegossen und mit dem Bambusbesen schaumig geschlagen wird. Diese Dinge werden nicht als reine Gebrauchsgegenstände angesehen oder als altmodische Kunstgegenstände betrachtet; sie sind vielmehr »wie ein Spiegel, in dem sich der Geist des Gastgebers reflektiert«. Alle Geräte werden in einer bestimmten Reihenfolge in den Raum gebracht, in dem die Gäste Platz genommen haben. Der Tee wird zubereitet und getrunken; wenn die Einladung zu Ende ist, werden alle Geräte wieder in der entsprechenden Reihenfolge auf ihre Plätze zurückkehren.

Die hohe Qualität der Handwerkskunst und die künstlerische Gestaltung der Teegeräte werden auf den ersten Blick deutlich und sind sehr beeindruckend. Die leichte Wölbung des Teelöffels, der Fluß der Glasur auf der Teeschale, der schwarz schimmernde Lack des Teebehälters und die leicht gekrümmten Enden des Bambus-Teebesens sind nicht nur dekorative Elemente, sondern notwendige Einzelheiten, die zur gesamten Stimmung der Teezusammenkunft beitragen. Ob man die Teegeräte im Schaukasten einer Ausstellung bewundert oder ob sie in der Hand gehalten werden – etwas Besonderes, das jeden anspricht, geht von diesen Geräten aus. Im Lauf der Teezubereitung wird ihnen Leben verliehen, das in uns die Vorstellung einer Welt des Geistes, jenseits von Ort und Zeit, entstehen läßt.

Gelegentlich wird eine Teezusammenkunft mit einer erstaunlichen Auswahl von Gerätschaften abgehalten. Sollten sich jedoch Gastgeber und Gäste nur für die Teegeräte interessieren, wird die Teezusammenkunft den Makel einer eher privaten Kunstausstellung haben, zum Schaden der einzigartigen persönlichen Beziehung von Gast und Gastgeber. Solche Zusammenkünfte sind in bezug auf den Geist des Tees wertlos. Nur wenn die Beziehung von Gastgeber und Gast an erster Stelle steht, erwachen die stummen Teegeräte zum Leben und zeigen ihren vollen Wert.

Gengensai (1810-1877), der Tee-Großmeister der Urasenke in elfter Generation, war ein Mann von großem Weitblick. Er lebte damals in einer schwierigen Zeit der Veränderungen, mit der Abschaffung der Feudalklassen und dem Beginn der modernen japanischen Nation nach 1860. Als Mann seiner Zeit integrierte er westliche Ideen in den Teeweg. Bei einer internationalen Ausstellung 1872 in Kyoto bereitete er den Tee, an einem kleinen Tischchen sitzend, zu. Auch die Gäste saßen auf Stühlen und hatten kleine Tischchen vor sich. Obwohl die mehr traditionsorientierten Japaner dies mit kritischen Augen betrachteten, führte er den neuen Stil entschlossen ein, selbst auf die Gefahr hin, sein Ansehen aufs Spiel zu setzen, und dieser Stil hat sich in der Tat bis heute erhalten.

Das Wichtige, das wir von dieser Neuerung lernen können, ist, daß sie aus Rücksichtnahme auf die Gäste entstand. Menschen aus allen Teilen der Erde besuchten damals Kyoto wegen der Ausstellung, und Gengensai wünschte, ihnen Tee zuzubereiten. Er wußte, daß sie nicht gewohnt waren, auf *tatami* (jap. Bodenmatten) zu sitzen, und daher entwarf er Tische und Stühle und schuf so eine neue Art der Teezusammenkunft.

In Weiterführung dieser Idee ermutige ich immer diejenigen, die im Ausland leben, Teegeräte zu suchen und zu verwenden, die ihnen verfügbar sind; gleichgültig, ob sie für Tee vorgesehen sind oder nicht. Bei Ersatzlösungen oder Änderungen ist es jedoch absolut unerläßlich, daran zu denken, daß die grundlegende Beziehung von Gastgeber und Gast immer an erster Stelle steht. Ersatz, nur des Ersatzes wegen, ist bedeutungslos. Folgen wir dem Beispiel von Gengensai, und erahnen wir die Bedürfnisse unserer Gäste im vorhinein.

Rikyu legte die Regeln für das Zubereiten und Trinken einer Schale Tee fest. Sie mögen zuerst mühevoll erscheinen, aber ohne sie wären die Menschen unsicher hinsichtlich der zweckmäßigsten Bewegungen des Körpers; ebenso hinsichtlich der praktischen Durchführung, die verbunden ist mit dem Arrangieren der Holzkohle, dem Reinigen des Teeraumes usw. Obwohl die Art und Weise und die Reihenfolge festgelegt sind, können die verschiedenen Gastgeber diesen Regeln doch mit ihrem eigenen Wesen und Herz Leben verleihen.

Der Teeweg ist über viele Generationen hinweg bewahrt und immer weiter verfeinert worden. Jede einzelne Bewegung der Teezubereitung ist so vervollkommnet worden, daß es schwierig ist, sie auf eine andere Weise mit größerer Geschicklichkeit und Leichtigkeit auszuführen. Deshalb ist der erste Schritt in der Übung des Tees, jede Bewegung gewissenhaft zu erlernen. Allmählich wird sich dann mehr und mehr das Ergebnis unserer Bemühungen um die Reihenfolge und die Art und Weise der Teezubereitung zeigen.

Ist diese Geschicklichkeit einmal verinnerlicht worden, können wir darüber hinausgehen. Erst aber müssen wir die einzelnen Schritte in allen Einzelheiten mit großer Aufmerksamkeit erlernen. Schritt für Schritt, nach vielen Wiederholungen, ist es dann fast, als liefe der Vorgang ganz von selbst ab. Er wird ein Teil unseres Körpers, so natürlich wie das Gehen.

Haben wir erst einmal gelernt, wie man sitzt und den Tee entsprechend den Regeln zubereitet, sind wir frei, von unserem Körper und Geist nach Wunsch Gebrauch zu machen. Wenn wir wissen, wie wir diese Freiheit nutzen können, sind wir in der Lage, unseren Gästen mit aufrichtigem Herzen eine Schale Tee zuzubereiten.

Es liegt nahe zu glauben, wir müßten uns für die Aufgabe, bei einer Teezusammenkunft als Gastgeber oder Gast teilzunehmen, besonders vorbereiten. Die Gefahr besteht aber, daß man sich zu sehr bemüht. Rikyu warnt in einem Abschnitt des *Namboroku* davor:

Für Gastgeber und Gast ist es gut,
wenn sie ihr Bestes geben und so beide zufrieden sind.
Es ist aber nicht gut,
wenn sie ausschließlich die gemeinsame Zufriedenheit
anstreben.

Von daher scheint es vernünftig, jede Absicht auf Erlangen von Erfolg vollständig aufzugeben. Dieses Ziel aufzugeben kann zu einer persönlich sehr fruchtbaren Erfahrung führen.

Es gibt immer den Fall, daß wir bei irgendeiner Gelegenheit einen Fehler machen, ein Teegerät an den falschen Platz stellen oder uns sonst ein Versehen unterläuft. Dann wird der Wert der langen Ausbildung offensichtlich, indem deutlich wird, wie wir das Problem mit Gelassenheit lösen. Natürlich ist die Fähigkeit, Tee ohne Mißgriffe zuzubereiten auch die Vollendung eines langen Trainings. Aber von größerer Wichtigkeit ist es, fähig zu sein, wenn uns irgendein Fehler unterläuft, das Mißgeschick schnell und ruhig in Ordnung zu bringen.

Wenn ich gebeten werde, den Pinsel zu nehmen und einen Gedanken oder ein Gedicht zu Papier zu bringen, dann ist der wichtige

Punkt nicht die Qualität oder Routine meiner Kalligraphie, sondern daß sie die zeitlose Wirklichkeit der Worte vermittelt. Wie jeder andere es auch macht, wenn er einen Teeraum betritt, verbeuge auch ich mich vor der Schriftrolle, die in der *tokonoma* hängt; selbst dann, wenn es meine eigene Kalligraphie ist. Diese Verbeugung aus Demut vor dem geschriebenen Wort ist mehr als nur eine formelle Geste.

Manche Leute finden es seltsam, wenn ich mich vor einem meiner eigenen Werke verbeuge. Sie finden es auch seltsam, wenn ein Töpfer, der Tee aus einer Schale trinken will, die er selbst gefertigt hat, sich dankbar vor ihr verneigt. Sie vergessen die Demut, mit der man eine Teeschale in beiden Händen hält, wobei man sich nicht nur vor der Schale allein verbeugt, sondern auch Hochachtung und Dankbarkeit für seine Verbundenheit mit allem ausdrückt, das mit dieser Teeschale und dem Tee darin zusammenhängt; die Erde, der Ton, das Talent des Töpfers, die Sonne, die Teepflanzen. Man drückt auch seine Dankbarkeit aus für die Gelegenheit, hier zu sein; in diesem einen Augenblick, um den Tee zu empfangen. Diese Dankbarkeit wird sichtbar in diesem kleinen Akt der Demut, genauso wie bei der tiefen Verbeugung beim Eintreten durch den niedrigen Eingang des Teehauses. Nach dem Anheben der Schale und der leichten Verbeugung dreht der Gast die Schale zweimal, damit er nicht von der

Vorderseite oder dem »Gesicht« der Schale, sondern von der Rückseite trinkt. Diese Handlungen der Dankbarkeit und Demut sind ein wichtiger Teil der Erfahrung auf dem Teeweg.

Buddha wurde einmal von einem jungen Mann über die Morgenanbetung befragt, und er antwortete:

> Wenn du dich nach Osten verneigst, sage Dank für deine Eltern. Wenn du dich nach Süden verneigst, sage Dank für deine Lehrer. Wenn du dich nach Westen verneigst, sage Dank für deine Frau und Kinder. Wenn du dich nach Norden verneigst, sage Dank für deine Freunde, Bekannten und alle Menschen der Welt. Blickst du zum Himmel, sei dankbar für deine Gegenwart im Universum und blickst du hinunter zur Erde, sei dankbar für ihre Freigebigkeit.

Bevor wir »dicken« Tee machen, bereiten wir uns besonders vor und reinigen die Teegeräte und unsere Herzen. Ein Teil dieser Vorbereitung ist die sorgfältige Prüfung der vier Ecken des *fukusa*, eines Seidentuchs. Dieser Vorgang drückt auch eine Geste der Dankbarkeit gegenüber den vier Himmelsrichtungen aus, wobei jede Hauptrichtung von einer der vier Ecken repräsentiert wird, vergleichbar mit dem oben erwähnten Sutra. Wir reinigen nicht nur die Teegeräte und unsere Herzen, sondern erkennen demütig unsere Beziehung zu allem allem, was uns umgibt, zum gesamten Universum. Ohne diese Dankbarkeit und Ehrfurcht wird die Teezusammenkunft eine oberflächliche und leere Formsache. Dieses reine, aufrichtige und dankbare Herz, das den Formen im Teeweg allein die Bedeutung gibt, entsteht mit dem Bemühen nach Selbsterkenntnis und Disziplin, ganz entsprechend der Praxis des Zen-Trainings.

Der Ort der Übung

Zur Zeit des Buddha wanderte ein Mann durch die Berge auf der Suche nach einem Ort der Übung, wo er sich selbst in Zucht nehmen könnte, um seinen Geist zu ergründen. Auf seiner Suche stieß er zufällig auf einen Schüler Buddhas.

»Herr, woher kommt Ihr?« fragte er. Der Schüler antwortete geradeheraus: »Ich komme vom Ort meiner Übung.« In der Meinung, daß dieser Mann genau den Ort kennen würde, nach dem er selbst auf der Suche war, fragte er den Schüler: »Herr, ich bin auf der Suche nach genau diesem Ort. Bitte führe mich dorthin.« Der Schüler antwortete: »Der Ort der Übung liegt im reinen und ehrlichen Geist, in ihm gibt es keine Selbstgefälligkeit. « Aufs äußerste überrascht, verstand der Mann, daß der Ort der Übung und Disziplin nicht mit den Augen gesehen werden kann. Der Ort der Übung ist der Geist. Der Geist sucht danach, sich selbst zu erleuchten. Es ist gleichgültig, ob es ein Raum ist, in dem man den Teeweg übt oder meditiert; jeder Ort, der friedlich ist, ist der Ort, an dem wir unseren eigenen Geist finden können.

Dem Dichter Hakurakuten (chin.: Pai-yüen-t'ien) wurde ein Verwaltungsposten auf dem Lande übertragen. Da er sich der damit verbundenen großen Verantwortung für die Führung der vielen Menschen bewußt war, suchte er Rat bei einem berühmten Zen-Meister. Der Priester, an den sich Hakurakuten wandte, hatte keinen Tempel, statt dessen saß er immer meditierend auf der Spitze eines Baumes, wie ein großer schwarzer Vogel.

Am Fuße des Baumes stehend, fragte Hakurakuten den Priester, was denn der vollkommene Geist sei und was er tun könne, um ein guter Regierungsbeamter zu sein. Der Priester rührte sich nicht. Hakurakuten blickte von unten zu ihm herauf und rief: »Wenn du einnickst, während du da oben sitzt, wirst du herunterfallen und dich verletzen!«

Dies hörend, rief der Priester: »Was sagst du da! Deine Füße stehen noch nicht einmal auf dem Boden?« Hakurakuten war über die Worte des Priesters so erstaunt, daß er auf einmal auf seine eigenen

Füße blickte und erkannte, daß sie überhaupt nicht auf dem Boden standen. Daraufhin verbeugte er sich zu Füßen des Baumes und bat den Priester, ihn zu belehren.

Der Priester erwiderte: »Nichts leichter als das! Der Führer tut immer nur Gutes für die Menschen. Er verübt keine schlechten Taten und reinigt seinen eigenen Geist. Das ist die Lehre Buddhas.« Dann fügte er hinzu, daß Hakurakuten sein Land gut verwalten würde, wenn er allein diese Dinge beherzigte.

Hakurakuten, der Zweifel hegte, erwiderte, daß doch jedermann fähig sei, diese Dinge zu tun. Des Priesters Antwort war: »Wenn dies so ist, dann werde ich dein Schüler und du mein Meister.«

Es gibt eine Geschichte über zwei Freunde, die beide gute Schüler waren. Aber der eine erhielt von seinen Eltern eine Erbschaft, arbeitete hart und tüchtig und wurde für seine Bemühungen dadurch belohnt, daß er eine geachtete Stellung in der Gesellschaft erlangte. Der andere Mann, der genausogut gelernt hatte, träumte davon, schnell reich zu werden und vagabundierte, im Gegensatz zu seinem Freund, lieber umher als hart zu arbeiten.

Eines Tages, nach einer langen Trennung, wurde der Vagabund von seinem erfolgreichen Freund eingeladen, ihn zu besuchen, da dieser ihm helfen wollte. Immerhin hatte der Vagabund im Grunde einen guten Charakter, und es erschien dem Freund nicht recht, daß er so ziellos herumbummelte. Unglücklicherweise ergab es sich, daß gerade am Tag der Einladung ein dringendes Geschäft rief, und so war es unvermeidlich, daß der wohlhabende Freund für kurze Zeit sein Haus verlassen mußte. Da er aber die Einladung schon ausgesprochen hatte, konnte er seine Zusage nicht rückgängig machen. Als der arme Mann ankam, wurden ihm Essen und Trinken angeboten, und bald darauf schlief er ein. Der erfolgreiche Mann kehrte nach Hause zurück und er, der Geld und gesellschaftlichen Rang hatte, wollte unbedingt etwas für seinen Freund, der gar nichts hatte, tun. Materielle Hilfe zu geben oder ihm offen einen besonderen Gefallen zu tun wäre für beide Männer peinlich gewesen. Während also sein Freund schlief, nähte der wohlhabende Mann einen Edelstein in dessen Ärmel ein und nahm an, daß der Freund ihn eines Tages entdecken und verstehen würde, was geschehen war. Dann schlich er hinaus, um weiter seinen Geschäften nachzugehen.

Als der arme Mann aufwachte, war der Hausherr fort. Er wurde ärgerlich über einen derartigen Mangel an Höflichkeit, und obwohl ein Mitglied der Familie ihm die Sache zu erklären versuchte, war der

Mann zu ärgerlich, um zuzuhören und verließ grollend das Haus. Von dem Schatz in seinem Ärmel wußte er natürlich nichts.

Nachdem eine Reihe von Jahren vergangen war, geschah es, daß sich die beiden wieder trafen. Während der eine eher noch erfolgreicher geworden war und noch größeres Ansehen gewonnen hatte, war der andere Mann, bedingt durch seine eigenen Gefühle der Minderwertigkeit, zynisch geworden. Er hatte den Edelstein, der in seinem Ärmel eingenäht war, immer noch nicht entdeckt. Ohne etwas von der Gutherzigkeit seines Freundes zu ahnen, führte er weiter sein Vagabundenleben und verlor sein ganzes Selbstvertrauen.

Als sie sich nun trafen, tadelte der arme Mann seinen wohlhabenden Freund bitterlich wegen dessen Unhöflichkeit bei ihrem letzten Treffen. Schließlich sagte der reiche Mann zu ihm: »Ich kann mich nicht entsinnen, dir Anlaß gegeben zu haben, mich zu tadeln. Du hast dich betrunken und bist eingeschlafen. Ich mußte weggehen und nähte dir einen Edelstein in die Falte deines Ärmels und hoffte, es könnte dein Grundkapital werden, durch das du deinen Lebensunterhalt verdienen könntest.«

Erstaunt schaute der arme Mann in seinen Ärmel, und tatsächlich war da der Edelstein eingenäht, wie sein Freund gesagt hatte. Nur dieser Teil seiner zerlumpten und zerrissenen Kleider war unbeschädigt geblieben. Dieser Schatz, den er von seinem Freund erhalten hatte, wurde nun seine Rettung. Von da an betete er jeden Tag und jede Nacht und arbeitete fleißig. Nach zwei oder drei Jahren kam er zu großem Reichtum und wurde ein geschätzter Mann von gutem Charakter.

Wenn dies auch eine einfache Geschichte zu sein scheint, entstammt sie tatsächlich einem berühmten Zen-Text. Der Edelstein bezieht sich auf die Buddha-Natur in jedem von uns. Obwohl jeder diesen Schatz besitzt, sind sich die meisten Menschen dessen nicht bewußt. Der Mann von Rang, der seinem Freund half, sich selbst zu erkennen, verkörpert den Buddha. Der Arme, der die gute Absicht seines Freundes nicht erkannte, stellt die Menschheit dar. Ohne von diesem Schatz zu wissen, den wir alle besitzen, sind unsere Fähigkeiten umsonst, und wir führen ein sinnloses Leben.

Im Haus eines Teelehrers hängt eine Schriftrolle mit dem Spruch:

Ort der Demut

Wenn wir den Teeweg betreten, haben wir manchmal Angst, uns zu blamieren, aber beim Üben gibt es keine Blamage oder Schande. Wir machen Fehler, lassen uns zurechtweisen und machen es besser und lernen. Rikyu schrieb ein Gedicht mit ähnlicher Bedeutung als Hinweis für die Teeschüler:

> Bekämpft Eure Scham.
> Werft Euren Stolz beiseite und lernt von den anderen,
> soviel Ihr nur könnt.
> Dies ist die Grundlage eines erfolgreichen Lebens.

Der Weg ist überall dort, wo Menschen sich selbst durch Schulung disziplinieren. Man kann ihn nicht in Büchern finden. Durch die direkte Erfahrung mit unserem eigenen Körper und nicht durch unseren Intellekt können wir diesen Zustand erreichen.

Wenn Menschen sich aufmachen, etwas zu lernen, werden sie oft von Ehrgeiz besessen und verlieren den Mut, wenn es scheint, daß sie den Weg nicht meistern können. Sie denken, daß sie dumm seien, und in der Meinung, daß andere wahrscheinlich auch so denken, vergessen sie, was sie so mühsam versucht haben zu lernen. Viele Schüler, die auf dem Teeweg zu lernen beginnen, haben gehört, daß es kompliziert sei, und lernen die einzelnen Schritte der Teezubereitung auswendig. Und sie geraten aus der Fassung und werden enttäuscht, wenn es ihnen nicht gelingt, sich die Reihenfolge ins Gedächtnis zurückzurufen. Die folgende Geschichte enthält eine Lehre, die uns helfen soll, unsere Geduld zu bewahren:

Zur Zeit des Buddha lebten zwei Brüder. Der ältere, Maha genannt, war berühmt wegen seines guten Gedächtnisses und wurde als ein angesehener Mann bewundert. Sri, der jüngere Bruder, dagegen konnte nichts im Gedächtnis behalten, und man sagte von ihm, daß er niemals irgend etwas werde erreichen können. Obwohl Maha versuchte, ihm etwas beizubringen, konnte sich Sri niemals an das Gelernte erinnern. Schließlich gab Maha auf, warf seinen Bruder aus dem Haus und sagte ihm, er müsse sich seine Erziehung anderswo verschaffen. Und so geschah es, daß ein in Tränen aufgelöster Sri den Buddha traf und ihm seine Geschichte erzählte. Beim Zuhören dachte der Buddha, daß hier ein Mann sei, der etwas lernen könne. So gab er Sri einen Besen und einen Abfalleimer und sprach zu ihm: »Reinige dein Herz, entferne allen Staub der Welt. Kehre und reinige jeden Tag.« Dies war jedoch einfacher gesagt als getan, denn wenn Sri zu kehren begann, vergaß er die Ermahnung, und wenn er sich der Worte Buddhas erinnerte, dann vergaß er zu tun, was ihm aufgetragen war. Nach vielen Jahren des Kehrens, Reinigens und Rezitierens von »ich entferne allen Staub der Welt«, befreite er endlich sein eigenes Herz vom Staub der Welt, erlangte Erleuchtung und wurde ein geachteter Mann.

Der Schüler des Teeweges muß, wenn er einmal auf dem Weg ist, seine Zweifel an sich selbst ablegen und den geringschätzigen Bemerkungen anderer keine Beachtung schenken. Er muß seinem Studium und seiner Übung die größte Aufmerksamkeit schenken, denn es geht dabei nicht um eine Fähigkeit, die man auswendig lernen kann, sondern um eine, die man sich langsam mit Körper und Geist aneignet.

Reinigen wir uns schweigend, wenn wir den Tee zubereiten. Lauschen und erwerben wir eine Sensibilität für die Geräusche des Wassers, wenn es von der Bambus-Schöpfkelle in eine Teeschale oder den Kessel gegossen wird. In diesem reinen Ton liegt das Reich des Nichtanhaftens. Um in diesem Reich zu verweilen, üben wir immer und immer wieder von neuem die gleichen Abläufe der Teezubereitung. Mein Vater glaubte daran und übte dies ständig. Bereiten wir eine Schale Tee und nehmen sie dankbar an, so gibt es kein Richtig oder Falsch. Es ist eine einfache, offene und aufrichtige Begegnung von Herz zu Herz, jenseits von Weisheit, Erfahrung und Absicht.

Das Bedürfnis nach Vollkommenheit

Alle Handlungen des Menschen entspringen seinem Selbstbewußtsein. Wir neigen dazu anzunehmen, daß unsere subjektive Realität nur ein Bruchteil einer viel größeren, objektiven Realität sei. Im Gegensatz dazu ermahnt uns der chinesische Zen-Mönch Rinzai (chin.: Lin-chi I-hsüan, gest. 866/67), daß die äußere Realität nur ein Aspekt einer subjektiven Realität ist und daß wir uns von der objektiven Welt weder bedrücken noch unsicher machen lassen, sondern uns von ihr befreien sollen. Wir dürfen uns nicht auf die Welt der Dinge verlassen. Wir sind so erzogen worden, die Vor- und Nachteile jeder Handlung abzuwägen, diesem Weg mehr als jenem geneigt zu sein und so unsere eigene wirkliche Mitte zu vergessen. Wir reden hochtrabend und enden bei Meinungsverschiedenheiten. Werden wir Problemen gegenübergestellt, neigen wir dazu, uns nur oberflächlich mit ihnen zu befassen, ohne ihre wahre Bedeutung zu verstehen. Schwankend zwischen Handeln und Nichthandeln, und wenn das nächste Problem auftaucht, endet es damit, daß wir uns der Tendenz der Zeit anschließen und mit der Masse resignieren: »Man kann ja doch nichts dagegen tun …«

Wir verwechseln die Erscheinungen mit der Wirklichkeit und beunruhigen uns über alles, was auf unserem Weg liegt. Wir vergessen, uns auf unsere Bestimmung vorzubereiten und verlieren bei dieser Entwicklung den Weg selbst, unsere Menschlichkeit und unser Herz. In unserem alltäglichen Leben werden wir von Kräften umhergeworfen, die außerhalb unseres Einflußbereichs liegen. Wir werden beherrscht von den Dingen; der Benutzer wird zum Benutzten. Die Rinzai-Zenschule sagt, daß wir so in unserer Mitte ruhen sollten, daß wir, unabhängig wo wir sind und was immer auch geschehen mag, nie den unschuldigen, ursprünglichen Geist, mit dem wir geboren wurden, verlieren. Dieser ursprüngliche Geist ist identisch mit dem Nicht-Geist oder der Leerheit des Zen. Wenn wir eins sind mit ihm, können wir unser Selbstbewußtsein und unsere Anhaftungen überwinden. Damit wir diesen Zustand erreichen, brauchen wir eine Disziplin oder einen Weg, den wir bei der Suche nach unserem ursprünglichen Geist beschreiten können. Ähnlich dem Weg, wie er uns durch ein Koan aufgegeben wird, muß er unmittelbar auf unser Leben anwendbar sein.

Ein Vers, geschrieben von einem chinesischen Priester aus der Tang-Dynastie, beschreibt diesen Zustand des Geistes. Eine Prosawiedergabe könnte etwa lauten:

> Es gibt da einen Mann, der so arm ist, daß er Holz ißt und Kleider trägt, die aus Gras geflochten sind. Aber sein Herz ist klar wie der Mond, und sein Geist ist ruhig und unbewegt. Wenn ihn jemand fragt: »Wo lebst du?«, antwortet er: »Auf den grünen Bergen am reinen Wasser.«

Die Antwort dieses Mannes ist ein poetisches Sinnbild, das auch bedeuten kann »in der ganzen Natur« oder übertragen »überall in der Welt«. Obwohl dieses Gedicht zunächst ohne besondere Bedeutung zu sein scheint, ist es Ausdruck eines in sich ruhenden Geistes, der die Größe der Natur wahrnimmt und sich gleichzeitig eins mit ihr fühlt. Wie großartig würde es sein, auf die Frage »Wo lebst du?« sagen zu können: »Überall in der Welt«.

Der Geschmack von Tee und Zen

Der Teemeister Sen Sotan (1578-1658), ein Enkel von Rikyu, sagte, daß der Geschmack von Tee und Zen eins sei. Er sagte auch: »Der Teeweg kann nicht in ein System gebracht werden und auch nicht in Regeln zusammengefaßt werden, denen man folgen muß. Es ist ausreichend, wenn ihr etwas Nützliches aus meinen täglichen Gedanken über Tee entnehmt.« Diese Worte sind in gleicher Weise anwendbar auf Zen.

Wir könnten auch sagen, daß alles, was auf den Zenweg zutrifft, auch für eine Teezusammenkunft gilt. Mit den Worten von Sen Rikyu:

> Denkt daran, daß schöne Häuser und seltene Speisen nur Allheilmittel dieser irdischen Welt sind, denn eine Unterkunft ist ausreichend, wenn sie vor Regen schützt, und Speisen sind ausreichend, wenn

> sie den Hunger stillen. Dies sind die Lehren des Buddha und der Weg des Tees. Mit euren eigenen Händen bringt Holz und Wasser, erhitzt das Wasser und bereitet Tee zu. Bringt ihn als Opfergabe Buddha und den anderen dar, und dann habt selbst euren Anteil daran. Arrangiert die Blumen, verbrennt Weihrauch. Dies alles wird mit der Absicht getan, dem Beispiel Buddhas zu folgen.

Wenn wir dem Buddha eine Schale Tee als Opfergabe darbringen und sie anschließend den Gästen anbieten und auch selbst trinken, dann werden Tee und Zen eins; dies hilft uns, unser Leben zu bereichern und Dankbarkeit und Hochachtung gegenüber den Mitmenschen zu empfinden. Beim Tee ist eine religiöse Haltung wesentlich, unabhängig davon, ob man Buddhist ist oder nicht. Dies bedeutet nicht, daß wir uns bemühen sollten, Heilige zu sein, sondern daß wir immer unser Wissen und unsere Weisheit einsetzen sollten, um uns weiterzuentwickeln.

Obwohl sich das Wort Zen aus dem Sanskritwort *dhyâna* ableitet, was Versenkung oder Meditation bedeutet, ist Zen selbst nicht Meditation. Zen ist eine Übung, eine strenge Selbstschulung. Wenn wir auf dem Teeweg nicht erkennen, daß das tägliche Leben selbst die Übung des Zen ist, dann wird die Zubereitung einer Schale Tee immer nur eine Formalität, eine reine Pose bleiben.

Die Philosophie des Teeweges kommt aus dem Zen, und die Übung selbst wurde in hohem Maße von der strengen Einfachheit der Zen-Mönche wie Ikkyu und Murata Shuko geprägt; Takeno Jo-o war ein Verehrer des Zen, und sein Schüler und Nachfolger Sen Rikyu lebte, auch außerhalb des Tempels, in Übereinstimmung mit den Grundsätzen des Zen.

In den Anfängen der Kamakura-Zeit (1185-1392), als der Zen-Buddhismus gerade begann, sich in Japan auszubreiten, kehrte der Priester Eisai (1141-1215) von Studien in China nach Kyoto zurück und brachte dabei einige Teesamen mit. Die Pflanzen, die sich aus diesen Samen entwickelten, wuchsen auf den Hügeln um Kyoto. In seinem Buch zum Thema Tee beschrieb Eisai die Wirksamkeit von Tee zur Regulation der Körperfunktionen, besonders des Herzens, zur Stabilisierung des Blutdrucks und erklärte auch, wie das Teetrinken den Seelenfrieden fördert. Eisais Buch und etwas pulverisierter Tee wurden als Geschenke an Shogun Minamoto Sanetomo (1191-1219) gegeben. Dieser verwendete Tee vor allem als Heilmittel gegen das Unwohlsein, an dem er nach seinen gelegentlichen Ausschweifungen litt.

Tee, so wie er auch in Tempeln Chinas getrunken wurde, fand weite Verbreitung unter den Zen-Mönchen Japans, die ihn tranken, um sich während der langen Meditationsperioden wachzuhalten, als Erfrischung bei Festlichkeiten und sogar als Mittel, um Zen in der Gesellschaft weiter zu verbreiten. Dieser letzte Aspekt seiner Verwendung entfernte ihn aber von seinen chinesischen Ursprüngen. Tee blieb nicht nur das Getränk der gebildeten und höheren Gesellschaftsschichten; um die Zeit der Muromachi-Zeit (1392-1573) war er eine Erfrischung, die von Menschen aller Klassen genossen wurde.

Zwei wichtige Bedingungen begünstigten die Entstehung des Teeweges. Zunächst suchten während der Muromachi-Zeit die Menschen über die Zen-Methoden der Selbstschulung Erleuchtung und intuitive persönliche Erfahrungen; und das Teetrinken war ein integraler Bestandteil des Lebensstils der Zen-Mönche. Dann hatte ein Jahrhundert voller Bürgerkriege und Aufstände die japanische Gesellschaft in einen Trümmerhaufen verwandelt; die Menschen suchten nach etwas, das ihnen helfen könnte, die schwierigen Verhältnisse und Entbehrungen der Zeit zu ertragen. Als Antwort auf dieses Begehren entwickelte und verbreitete sich die Praxis des Teetrinkens, besonders unter den Adligen.

Von der Mitte des 16. Jahrhunderts an gab es in Kyoto Bestrebungen, sich von der Art des Teeweges, wie er in der Aristokratie praktiziert worden war, zu entfernen. Angeführt von Mitgliedern des Kaufmannstandes, wurde die vorherrschende Stellung der teuren Keramik aus China verworfen und das Expertentum für Teegeräte als nicht mehr so entscheidend angesehen. Die Anhänger des neuen Teestils trugen die Teezusammenkünfte aus den luxuriösen Empfangsräumen des Hochadels hinaus und schufen geeignete Plätze in buddhistischen Tempeln und in großer Hallen, die durch faltbare Stellwände unterteilt werden konnten. Sie verzichteten auf chinesische Erzeugnisse und wählten statt dessen japanische Keramik, darunter viele von volkstümlicher Herkunft oder mit kleinen Mängeln versehen. Die neue Bewegung ließ eine lebendige, schöpferische Epoche entstehen. In dieser Umgebung war es Rikyu, ein enthusiastischer Anhänger des Zen, dem es schließlich gelang, die verschiedenen Elemente in die Form des Teeweges zu vereinigen, wie sie auch noch heute geübt wird. Rikyu beschreibt die Schulung und das Üben von Tee im Namboroku in Worten, die sowohl auf den Teeraum wie auch den Tempel anwendbar sind:

> Es gibt zahlreiche Wege, um die Lehren der großen Meister der Vergangenheit in unserem eigenen Leben in die Praxis umzusetzen. Im Zen wird die Wahrheit durch die Methode der Meditation bis zur Erleuchtung gesucht, während wir die Ausbildung in den eigentlichen Formen der Teezubereitung benutzen, um das gleiche Ziel im Teeweg zu erreichen.

In der Rinzai-Schule des Zen-Buddhismus wird der Schüler mit einer Art Problem oder Frage, Koan genannt, konfrontiert. Es ist keine Frage, die mit dem Intellekt zu deuten oder zu lösen ist. Der Schüler muß sich selbst in die Frage hineinversetzen, bis er schließlich eins mit ihr wird. In diesem Augenblick erlangt er die Erleuchtung, *satori*. Das Schriftzeichen für *satori* wird aus zwei Teilen gebildet: »Herz/Geist« und »Selbst«. Erleuchtung ist also dann erreicht, wenn der Schüler Einsicht in seinen eigenen Geist erfährt.

Um zu zeigen, wie schwierig es sein kann, ein Koan zu beantworten, möchte ich ein Beispiel geben. Die Geschichte mag zunächst komisch klingen, aber sie ist ein sehr bekanntes Koan über eine alte Frau und einen Priester:

Eine alte Frau, die für einen Priester sorgen wollte, hatte eine Hütte gebaut, in der er leben konnte. Er unterzog sich in rigoroser Weise der Schulung, um ein Meister zu werden, während die alte Frau sich um seine täglichen Bedürfnisse kümmerte. Monate, Jahre verstrichen, und es kam die Zeit für sie, den Mönch einer Prüfung zu unterziehen. Sie erbat sich dabei die Hilfe einer jungen Frau, welche ihre Nachbarin war. »Ich möchte gern, daß du heute dem Mönch das Essen bringst. Er sitzt mit dem Gesicht zur Wand und meditiert. Wenn du ihm seine Speisen bringst, wird er sie essen, Dank sagen und dann mit dem Sitzen fortfahren. Ich bitte dich, mir dann einen Gefallen zu tun. Wenn du das Tablett zurücknimmst, so umarme ihn, ohne ein Wort zu sagen, und achte sorgsam auf seine Reaktion.« Die Frau zögerte, aber schließlich überbrachte sie das Tablett, wie die alte Frau es aufgetragen hatte. Der Mönch nahm das Essen an und dankte ihr, ebenso ernst blickend wie sonst, und beendete sein Mahl. Die Frau nahm das Tablett und, wie angewiesen, näherte sich dem Priester, um ihn zu umarmen. Er aber stieß sie weg und sagte: »Seit der alte Baum auf dem kalten Felsen wächst, gibt es da keine Hitze für die drei Winter.« Als die alte Frau seine Antwort gehört hatte, warf sie ihn ärgerlich hinaus, wies ihn an, seine Schulung neu aufzunehmen, und brannte die Hütte nieder.

Stellt euch einen alten, verwitterten Baum vor, der auf einem kalten Felsen steht. Im Zen bedeuten »drei Winter« die drei kältesten Monate des Winters. Der Priester meinte, daß er wie ein alter Baum sei, der sich in der Winterkälte an einen Felsen klammert, ohne ein Funken Leben, obwohl die junge Frau zu ihm gekommen war.

Ähnliche Begebenheiten kommen auch in unserem Leben manchmal vor. Wie reagieren wir dann? Wenn wir, wie der Priester, plötzlich von den Umständen umarmt werden, wie reagieren wir dann? Solch eine Situation legt oft den Lebensweg bloß. Wenn wir nur durch die Form gebunden sind, können wir uns zurückziehen, wie es der Priester tat. Es wäre bestimmt keine Zeitverschwendung, wenn auch wir uns mit diesem Koan beschäftigen würden.

Furyu

Historisch gesehen, haben die Japaner weniger über das Leben nachgedacht, als vielmehr gewisse Vorstellungen in sich aufgenommen, die sowohl auf die materiellen wie spirituellen Aspekte des Lebens unmittelbar anwendbar sind.

Eine dieser Vorstellungen ist *furyu*. Betrachten wir die Schriftzeichen, aus denen dieses Wort besteht, stellen wir fest, daß *fu* »Wind« und *ryu* »fließen« bedeutet. Dies legt nahe, daß unser Geist durch das Leben strömen sollte wie der Wind, der durch die ganze Natur strömt. Verbindet man sich in dieser Weise mit der Natur, so erreicht man einen vorurteilsfreien und unabhängigen Geisteszustand. Wir werden nicht mehr gefühlsmäßig von den Wundern der Natur überwältigt; wir lernen, sie innerhalb des natürlichen Laufs des Daseins richtig einzuschätzen. *Furyu*, nicht beschränkt auf irgendeine besondere soziale Klasse, gab es offensichtlich sowohl im Leben der Adligen, bei Samurai wie auch bei gewöhnlichen Leuten;

Menschen, die Frieden im Leben erstrebten, selbstverständlich Blumen und Vögel liebten, den Mond bewunderten und oft diese Augenblicke auch in ihren Versen festhielten. Das bekannte Haiku von Basho veranschaulicht dies in vollendeter Weise:

> Der alte Teich,
> Ein Frosch springt hinein –
> Plumps!

Dies scheint ein sehr einfaches Gedicht zu sein, und man könnte annehmen, es sei nicht schwierig, ein ähnliches zu verfassen. Wenn man es versucht, wird jedoch sehr schnell offenbar, daß die Stimmung der Natur nicht einfach oder genau beschrieben werden kann, wenn es an *furyu* mangelt. *Furyu* weist darauf hin, welches Gleichgewicht und welche Proportionen absolut unerläßlich sind. Auf der anderen Seite lehnt *furyu* Vollkommenheit ab, schließt das Unvollkommene mit ein. Mit Bergen, Flüssen, Blumen und den wechselnden Jahreszeiten im Sinn, mit dem Geist des *furyu*, bereiten wir eine Schale Tee.

Furyu ist sicher nicht nur eine Lebensphilosophie von Schriftstellern oder Künstlern. Rikyu lehrte oft, wie *furyu* in den einfachen Handlungen des gewöhnlichen, alltäglichen Lebens gefunden werden könnte.

Im Haus eines amerikanischen Bekannten sah ich einmal ein paar Eßstäbchen aus Metall, wie sie beim Legen der Holzkohle verwendet werden, in einem offenen Fenster hängen. Als ich meinen Freund fragte, warum sie dort seien, sagte er mir: »Wenn der Wind weht, schlagen sie aneinander und erzeugen den schönsten Klang.« Ich war freudig erstaunt; sie waren seine Windglöckchen. Ein Japaner würde sie nie auf andere Weise gebrauchen, als um Holzkohle zu arrangieren. Hier aber dienten sie einem vollständig anderen Zweck. Dieses Verständnis war so vollendet *furyu*, daß ich es fast nicht bemerkt hätte, und durch diese Erkenntnis wurde ich gleich doppelt überrascht.

Es ist unmöglich, nicht von Zeit zu Zeit von der feinfühligen Ausgewogenheit und Harmonie der Natur beeindruckt zu werden; sie ist erfüllt von einer Erhabenheit und Zweckbestimmung jenseits menschlicher Großtaten. Selbst in der sich ständig ändernden Schöpfung, im Wechsel der Jahreszeiten, können wir eine Art von Beständigkeit in den Naturgewalten erahnen.

Dramatische Umwälzungen der natürlichen Ordnung kommen natürlich vor, aber Sturm und Erdbeben haben nur den Anschein vorübergehender Störungen des Gleichgewichts, wie die kleinen Wellen, die von einem in das Wasser geworfenen Kieselstein verursacht werden. Das ruhige Gleichgewicht kehrt wieder zurück. Seit unzähligen Jahren sind so im Wechsel die vier Jahreszeiten gekommen, jenseits aller menschlicher Berechnungen.

Auch wir sind ein Werk der Natur. Deshalb sollten wir nicht versuchen, sie zu unterwerfen und auszubeuten. Das Gefühl der Übereinstimmung zwischen Natur und Mensch war seit langem ein Teil der japanischen Verbindung mit der Natur. Während die Menschen in Japan beispielsweise die feuchte Sommerhitze nur schwer ertragen können, ist diese Jahreszeit für die Ausgeglichenheit und Harmonie der Natur unerläßlich. Betrachten wir einmal, wie man dem Unausweichlichen entgegenkommen kann, statt ihm aus dem Wege zu gehen oder es abzulehnen, so sehen wir, daß im Falle der Hitze in Japan viele Erfindungen die Unannehmlichkeiten dieser Zeit verringern: Sommerkleider und das Geräusch der Windglöckchen erwecken die Vorstellung von Kühle, und die Häuser sind traditionell so gebaut, daß sie im Sommer kühl sind. Wichtig für uns alle ist deshalb zu lernen, im Einklang mit der Natur zu leben und auch noch Bedingungen, bei denen wir uns unbehaglich fühlen, mit einer positiven Haltung zu begegnen. Aus der Koan-Sammlung *Hekigan-roku* (Meister Yüan-wu's Niederschrift von der Smaragdenen Felswand, 43. Beispiel) stammt der folgende Dialog:

> Ein Mönch fragte Tozan:
> »Wenn Kälte oder Hitze kommt,
> wie weicht man ihnen aus?«
> Und Tozan erwiderte:
> »Warum wendest du dich nicht einem Ort zu,
> an dem es keine Kälte oder Hitze gibt?«

Mit dem Frühling kommen die Blumen, mit dem Sommer die kühlen Brisen, mit dem Herbst der kristallklare Mond und mit dem Winter der Schnee. Dieser ewige Wechsel ist eine wunderbare Sache; wie schade nur, daß so wenige von uns jede dieser Jahreszeiten zu schätzen wissen. In der Kälte des Winters sehnen wir uns nach dem Sommer, während wir uns in der Sommerhitze die frischen Herbstwinde wünschen.

Im Zen, wenn wir eins werden mit der Kälte oder Hitze, verschwinden die Extreme von Hitze und Kälte. Diese Verwirklichung der Nichtzweiheit gilt für alles dualistische Denken, unter dem die Menschen leiden: Eitelkeit und Neid, Glück und Leid, Leben und Tod, Reichtum und Armut, Liebe und Haß – sie können alle vereinigt werden. Die Lebensaufgabe, eins zu werden mit der kleinsten alltäglichen Aufgabe, führt zur Vereinigung des Geistes mit den Jahreszeiten und mit der Natur. Nur dann können wir schätzen lernen, daß die Jahreszeit, die wir jetzt gerade erleben, die beste ist.

Eine der sieben Regeln Rikyus lautet: »Im Sommer rufe ein Gefühl der Kühle hervor, im Winter warme Geborgenheit«. Natürlich suchen wir alle Kühle in der Hitze des Sommers, aber es gibt mehr als eine Möglichkeit, sie zu erhalten. Zum einen gibt es die kurzlebige Kühle einer Klimaanlage und zum anderen die länger anhaltende Kühle, die von unserer eigenen inneren Einstellung herrührt, das zu nützen, was immer die Natur an Kühle liefert. Die Übung des Teeweges lehrt uns, diese zweite Kühle schätzen zu lernen. Vielen Leuten wird das jedoch heute schwer verständlich erscheinen, nachdem sie den Willen und die Fähigkeit zur Beherrschung ihres starken Verlangens nach materieller Bequemlichkeit verloren haben. In ihrem Versuch, die Zivilisation zum Besseren zu verändern, entfernt die industrielle Entwicklung den Menschen aber immer mehr von der Natur. Gewohnt, schnell und einfach das zu tun, was wir wollen, finden wir uns zunehmend der Natur entfremdet. Vor der industriellen Revolution in Japan lebten die Japaner in Harmonie mit der Natur und entwickelten die Fähigkeit, eins mit ihr und den Mitmenschen zu werden, indem sie sich eine Schale Tee teilten. Aus ihren Erfahrungen können wir auch heute noch viel lernen.

Harmonie und Gleichgewicht zwischen Mensch und Natur kann man im menschlichen Leben im Verhältnis des Menschen zu Materiellem und Geistigem sehen. Die materielle Zivilisation ist auf Grund der technologischen Entwicklung aufgeblüht und wird ohne Zweifel in der Zukunft fortfahren, viele unserer Wünsche zu erfüllen. Die extreme Entwicklung der materiellen Seite unseres Lebens scheint uns jedoch weder Glück noch Befriedigung gebracht zu haben. Unsere Begeisterung für materiellen Wohlstand mag gleichzeitig Schritt für Schritt unser spirituelles Wohlergehen, unsere Harmonie und Gelassenheit zerstört haben, ebenso wie große technologische Fortschritte zu Lasten der natürlichen Rohstoffquellen gemacht wurden.

Die Wissenschaft und Technologie der Automatisierung hat einen

Überfluß ermöglicht, der für unsere Großeltern nicht vorstellbar gewesen wäre. Wohin man in der Welt schaut, die Allmacht der Technologie, der Vorrang der Wirtschaftlichkeit und die Überlegenheit von Wachstum scheinen sich in jedem Land schnell zu entwickeln, unabhängig von den offensichtlichen Unterschieden zwischen den wirtschaftlich fortgeschritteneren Nationen und den Entwicklungsländern. Trotz unserer Bemühungen, die Natur zu beanspruchen und zu unterwerfen, müssen wir dennoch fortfahren, in Harmonie mit ihr zu leben, auch wenn diese beiden Haltungen einander zu widersprechen scheinen. Um es anders auszudrücken: Das Spirituelle muß zusammen mit dem Materiellen bestehen.

Nach einer Abwesenheit von etwa zwanzig Jahren kehrte einer meiner amerikanischen Freunde nach Japan zurück. Nachdem er mit den Besatzungstruppen hier gewesen war, überraschten ihn die unglaublichen Veränderungen, die inzwischen erfolgt waren. Früher hatte jeder Ort seinen eigenen individuellen Reiz; man konnte das Wesen jeder Stätte spüren. Die vielen industriellen Neuerungen und eine Flut von Autos hatten die Umwelt in einem solchen Ausmaß verändert, daß der einzigartige Reiz der verschiedenen Gemeinden völlig verschwunden war. In den geschäftigen und lärmenden Städten fand mein Freund, daß die gemächliche Lebensart ganz verlorengegangen war. Kleine Flüsse waren verschmutzt oder kanalisiert und damit viel Schönheit und Charme zerstört worden. Die Ausweitung des Verkehrs bis in die kleinsten Gäßchen hinein machte es für die Menschen schwierig, zu Fuß zu gehen.

In Tokyo schlug mein Freund entsetzt die Hände über dem Kopf zusammen und rief, es sei ihm, als habe er New York nie verlassen. Aber hoffnungsvoll meinte er: »Na, wenigstens in Kyoto werde ich etwas von dem alten Japan, das ich so liebte, wiederentdecken können.« Aber als ich ihn an dem Tage, an dem er in Kyoto angekommen war, sah, konnte ich an seiner zerfurchten Stirn erkennen, daß er zuviel erwartet hatte. Unter anderem herrschte furchtbarer Smog, und mein Freund sehnte sich nach den anderen, den besseren Tagen seiner Erinnerung.

Später aber, als wir uns meinem Hause näherten, vernahmen wir das Läuten der großen Bronzeglocke aus dem nahegelegenen Tempel. Jeden Morgen und Abend hallt der Klang dieser Glocke durch die Nachbarschaft. Es ist ein kleines Zeichen, daß die traditionelle Kultur nicht vollständig verschwunden ist. Als er den tiefen, vollen Ton hörte, sagte mein Freund: »Ich wünschte, ich könnte diesen Klang mit mir zurück nach Amerika nehmen.«

WABI

Um bestimmte Vorstellungen zu vermitteln, haben sich die Teemeister oft geeigneter Gedichte bedient. Ein Bild oder eine Anspielung in einem Gedicht erregt gewöhnlich die Aufmerksamkeit eines Teemeisters, wenn es eine Vorstellung zum Ausdruck bringt, die schwierig oder gar unmöglich zu erklären ist. Ein Gedicht, als Ganzes genommen, vermittelt und lehrt durch den bildlichen Ausdruck etwas, das jenseits direkter Erklärung liegt. *Wabi* ist eine solche Vorstellung.

Die Grundlage des Teeweges beruht auf der Ästhetik des *wabi*, ein Begriff, der gelegentlich mit »bäuerlich« übersetzt worden ist. Doch sollte diese Ästhetik nicht mit Liebe zum Ländlichen verwechselt werden. *Wabi* ist ein Zustand des Gefühls. Er wird besser umschrieben mit den Worten Genügsamkeit, Schlichtheit und Bescheidenheit.

Was haben die großen Teemeister der Vergangenheit unter *wabi* verstanden? Als bezeichnend für die Stille und Gelassenheit, die man im Teeweg erreicht, galt Sen Rikyu vor allem das folgende Gedicht:

> Wie weit man auch blickt –
> weder Blüten
> noch leuchtend verfärbtes Ahornlaub.
> Am Ufer
> nur eine riedgedeckte Hütte
> in der herbstlichen Abenddämmerung.

Dieses Bild, eine einzelne bescheidene Hütte, eine Landschaft ohne jeden Glanz von Blumen oder Herbstlaub, ist ein Beispiel für die völlige Schlichtheit und den zurückhaltenden Geschmack von Takeno Jo-o, einem der Lehrer Rikyus. Selbst als sich die Ansichten Rikyus von denen seines Lehrers entfernten, fuhr Rikyu fort, die Gefühle von *wabi*, wie sie in diesem Gedicht ausgedrückt werden, zu achten. Zur selben Zeit ging er aber noch einen Schritt weiter und entwickelte eine kraftvollere Antwort auf die Natur als Jo-o, der das Wesen des Tees mit der extremen Schmucklosigkeit der Natur gleichsetzte.

Im Gegensatz hierzu verdeutlicht Rikyu an einem anderen Gedicht, wie sich der Geist von *wabi* und das Wesen des Teeweges ganz klar offenbaren:

> Denen, die nur die Kirschblüten
> sehnsüchtig erwarten;
> wie gern würde ich ihnen zeigen
> mitten im Schnee das sprossende Grün
> im Bergdorf zur Frühlingszeit!

Rikyu war tief beeindruckt von der Kraft, die ihm in den Erscheinungen der Natur mit Gedeihen, Erdulden und endloser Erneuerung begegnete. Ein Beispiel dafür waren ihm die jungen Gräser, die, im Winter vom Gewicht des Schnees niedergedrückt, mit all ihrer Kraft nach oben drängen, um durch den Schnee zum Vorschein zu gelangen.

Die beiden, hier angeführten Gedichte bringen den Zustand der Reinheit und Stille ohne farbige Pracht zum Ausdruck, und beide sind getragen von Einsamkeit. Zunächst mag es scheinen, als ob sie recht ähnlich seien, doch sind sie insofern sehr verschieden, als daß das eine *yin* repräsentiert oder die negative und endende Bedingung der Dinge, während das andere *yang* ausdrückt, den positiven und beginnenden Zustand. Es war Rikyus einsichtiger Geist, der erkannte, daß der Teeweg alle beide Bedingungen enthält.

Der Teeweg hat an dem Punkt seine Bestimmung erlangt, wo diese zwei gegensätzlichen Ansichten verschmelzen. Dieses ästhetische Merkmal, die Vorstellung von *wabi* zu schaffen, ist für den Teeweg so einzigartig.

Die Menschen suchen die Blumen in voller Blüte; doch wenn wir ihre Schönheit lieben, müssen wir die Kraft würdigen, die gerade diese Blume zur vollen Blüte bringt. Ein winziger junger Trieb drängt hervor, erkennend, daß es Frühling ist. Er hat keine Wahl, er muß wachsen oder zugrunde gehen. Die Wahrheit der Natur kann man im Leben einer Blume erkennen. Rikyu entdeckte dieselbe Wahrheit im Teeweg. Ein Mensch, der nicht wie die Gräser Härte und strenge Einfachheit erfahren hat, kann nicht hoffen, das Wesen von *wabi* zu verstehen. Es ist nur natürlich, die Schönheit der Blumen in ihrer Jahreszeit zu schätzen, doch ein feineres Empfinden wird benötigt, um die Schönheit eines jungen Grases unter dem Schnee zu entdecken. Rikyu wußte, daß der Zustand der Stille, Gelassenheit und

Reinheit etwas Dynamisches und Unauslöschbares enthält; unablässig erzeugt die Natur neues Leben. Diese Erneuerung und dieses einheitliche Ganze verband Rikyu mit dem wesentlichen Element von *wabi*. Es ist gerade diese besondere Empfindungsfähigkeit, die wir pflegen und läutern wollen, wenn wir uns im Teeweg entwickeln.

Sen Sotan, der auch »Wabi-Sotan« genannt wurde, wurde eines Tages von dem *daimyo* (Fürst) Nagai Shinsai zum Tee eingeladen worden. Da Sotan als ein Mann von *wabi* angesehen wurde, bereitete der *daimyo* ein besonders karges Mahl für ihn vor. Am nächsten Tag sprach er Sotan an, um seine Meinung über die Teezusammenkunft zu erfahren. Sotan antwortete, daß die Teezusammenkunft durchaus angenehm gewesen sei, daß es aber einen Teestil gebe, der für den *daimyo* passender wäre, da die Teezusammenkunft Shinsais gesellschaftlicher Stellung nicht gerecht geworden sei. Es sei nämlich ein Fehler anzunehmen, daß die Vorstellung von *wabi* durch den Anschein von Armut erreicht werden könne.

Einige Zeit später lud Shinsai Sotan wieder zum Tee ein. In der Annahme, daß Shinsai *wabi* nun verstanden habe, brachte Sotan einen armen Handwerker mit. Unter den vielen ausgezeichneten Speisen, die aufgetragen wurden, gab es als Leckerbissen auch einen

Süßwasserkarpfen. Sotan fiel auf, wie wenig der Handwerker aß, und er sagte zu ihm, daß es keinen Grund gebe, Gleichgültigkeit vorzutäuschen, und daß er essen solle, soviel er wolle, auch wenn er solche Feste nicht gewohnt sei.

Weder der reiche noch der arme Mann hatten ein rechtes Verständnis von *wabi*, wenn sie glaubten, daß dies bedeute, nach einem Zustand zu streben, der nicht ihrem natürlichen Wesen entsprach.

DIE UNVOLLKOMMENHEIT

Es ist oft gesagt worden, daß der Geist verarmt, wenn die Wirtschaft blüht. Die heutige Gesellschaft mag sehr wohlhabend sein, aber dieses luxuriöse Leben scheint auch der Grund für viele unserer Fehler zu sein.

Ein buddhistisches Sutra erklärt, daß wir unsere eigenen Grenzen erkennen lernen müssen, um dem ewigen Kreislauf von Leidenschaften, Begierden und Leiden entrinnen zu können und Zufriedenheit zu verwirklichen. Nur dann wird die Verwirklichung von geistigem und materiellem Reichtum, von Glück und Zufriedenheit möglich. Andererseits werden diejenigen, die keine Zufriedenheit kennen, selbst wenn sie sich im Himmel befänden, immer noch fortfahren, nach etwas Besserem zu suchen, und auf den Besitz und das Glück anderer neidisch sein. Gleichgültig, wie wohlhabend die Unzufriedenen werden, in ihren Herzen werden sie doch immer arm bleiben.

Zu Anfang des 19. Jahrhunderts schrieb ein mächtiger *daimyo*: »Der ursprüngliche Zweck des Teeweges ist im Kern die Annahme der Unvollkommenheit.« Der Teeweg ist eine Methode, durch die man lernen kann, sein Lebensschicksal anzunehmen und Zufriedenheit darin zu finden. Beispielsweise haben die weitaus meisten Menschen, die heute den Teeweg üben, keinen Zutritt mehr zu einem Teehaus oder den Gärten, die besonders für Teezusammenkünfte entworfen, gebaut oder angelegt wurden. Aber ob eine Teezusammenkunft in einem solchen Rahmen stattfindet oder nicht, der Gastgeber muß immer noch seine ganze Aufmerksamkeit auf die Bedürfnisse und das Wohlergehen seiner Gäste richten.

Seine Bemühungen dürfen, auch beim Fehlen der »richtigen« Voraussetzungen am Ort der Teezubereitung, nicht geringer werden. Einer derartigen Unzulänglichkeit mit Kreativität zu begegnen steigert in entsprechendem Verhältnis die Tiefe der Erfahrung bei Gastgeber und Gast.

Im Gegensatz zu der Annahme, daß Unvollkommenheit eine Quelle der Unzufriedenheit sei, bezieht der Teeweg gerade diese Unvollkommenheit mit ein und baut darauf auf. Der Mönch Ryokan sagte: »Wenn du ein Problem hast, dann stelle dich ihm; wenn du krank bist, dann stelle dich der Krankheit; wenn der Tod sich an dich heranmacht, dann tritt ihm mutig entgegen.« Dem erleuchteten Ryokan war es klar: Wenn wir unseren Schwierigkeiten mutig entgegentreten, dann erkennen wir zum ersten Mal die Hohlheit unserer Klagen. Es ist sinnlos, sich über das Fehlen von Teegeräten oder einem geeigneten Ort für die Teezeremonie zu beklagen. Was beklagt werden könnte, wäre nur unsere eigene Unfähigkeit, mit dem, was zur Hand ist, kreativ zu werden. Machen wir Gebrauch von unseren eigenen schöpferischen Fähigkeiten und unserem Verstand, angeleitet von den grundlegenden Lehren des Teeweges, und überprüfen wir ständig unser Können.

Im Mittelpunkt eines Lebens, das auf Harmonie, Hochachtung, Reinheit und Stille gründet, steht jener innere Friede, der daher rührt, daß wir unsere eigenen Grenzen annehmen und innerhalb des Unvollkommenen Zufriedenheit finden. Mit diesem Frieden verschwinden Unzufriedenheit und Angst, und an deren Stelle treten Selbstsicherheit und eine heitere Gelassenheit.

Die Zurückhaltung

Die Japaner neigen dazu, geschmackvolle Zurückhaltung zu bewundern und innere Tiefe der offenen oder angeberischen Zurschaustellung vorzuziehen. Dies ist vielleicht das Charakteristikum des japanischen Sinns für Schönheit; es stellt so etwas wie die ästhetische Grundeinstellung dar. Der direkte Ausdruck der eigenen Individualität wird als kindlich, als Mangel an Feingefühl oder Bildung angesehen, während Zurückhaltung in bezug auf den Ausdruck der eigenen Persönlichkeit sehr geschätzt wird. Es mag widersprüchlich erscheinen, aber man kann dies als »Ausdruck der Zurückhaltung des Ausdrucks« bezeichnen. In einem No-Spiel beispielsweise wird selbst die tiefste Gefühlsregung nur durch eine geringfügige Bewegung dargestellt. In dem berühmten Wandbild der Kiefern von Hasegawa Tohaku liegen der Atem und das Leben des Werkes in den nicht ausgedrückten Elementen. Der negative Raum des Gemäldes ist Ausdruck der Zurückhaltung des Künstlers. Auch Musikinstrumente wie beispielsweise die *shakuhachi* (Bambusflöte) oder *biwa* (Laute) erfordern die Stille zwischen den Tönen, um ihnen Nachdruck zu verleihen. Haiku-Gedichte lassen in der Knappheit von siebzehn Silben einen Stein ins Wasser fallen, aber die Wellen dehnen sich im Herzen und Geist des Lesers endlos aus.

Zurückhaltung schafft Energie oder Spannung, deren Quellen die Verdichtung des Ausdrucks sind. Die Geschichte über Rikyu, Hideyoshi und die Windenblüten im Garten ist ein gutes Beispiel. Die einzig verschonte Blüte im Teeraum nahm die Schönheit aller Blumen des Gartens in sich auf und steigerte sie dadurch nur noch mehr.

In der japanischen Kultur gibt es viele Beispiele für diese Fähigkeit, in äußerster Knappheit auszudrücken, was durch strengste Disziplin gewonnen wurde. Die Kalligraphie des Zen-Priesters Ikkyu, die monumentale Einfachheit und Reinheit der architektonischen Linien des großen Schreins von Ise und die Kargheit eines Teeraums, wie er von Rikyu entworfen wurde, sind drei solcher Beispiele. Rikyu suchte in der Verworrenheit seiner Zeit nach der echten Bedeutung des Teewegs. Inmitten der Wirren von Politik, Krieg und Zwietracht aller Art schuf Rikyu eine Welt der Stille. Er schrieb:

> Des Teeweges Urgrund:
> Wasser sieden lassen,
> Tee schlagen und
> ihn mit aufrichtigem Herzen trinken –
> mehr nicht!
> Dies sollte man wohl wissen.

Diese Worte waren ursprünglich als Warnung vor der verdorbenen und nachlässigen Übung seiner Zeit gedacht, und wir, die wir dem Teeweg folgen, müssen mit dieser Einfachheit fortfahren und sie uns in unserer Übung zu eigen machen. Doch dürfen wir nicht vergessen, daß der Weg, diese Einfachheit zu erreichen, lang ist.

Die Zurückhaltung, die den Wind zu Tohakus Kiefern bringt oder die einzelne Blüte in der Bildnische arrangiert, kann Teil unseres eigenen Lebens werden durch die stete Achtsamkeit, mit der wir das Wasser erhitzen, den Tee zubereiten und ihn trinken.

Für alle,
die dem Teeweg folgen wollen

Alle, die dem Teeweg folgen wollen, mögen sich hüten vor Eifersucht und Neid. Sich selbst in den Mittelpunkt zu stellen, andere zu beneiden oder zu verführen – dies ist unverzeihlich. In dem Maß, in dem ihr euch täglich in den Teeweg vertieft, werdet ihr mit Glück belohnt werden. Je mehr ihr zu anderen aufschaut, um so klarer wird eure eigene Stellung im Verhältnis zu ihnen werden.

Wann immer etwas Unglückliches geschieht, versuchen die Menschen, sich selbst in möglichst gutem Licht erscheinen zu lassen. Aber wenn ihr an das demütige Herz des Gastgebers im Teeraum denkt, dann wird diese andauernde Gier nach Macht als das gesehen, was sie ist, denn der Gastgeber kennt den geistigen Geschmack des Tees.

Ihr müßt wissen, was ihr wißt; und wissen, was ihr nicht wißt, denn nur dann werdet ihr die Grenzen eurer Stärke deutlich sehen. Nutzt die Gele-

genheiten, spirituelle Kraft zu erlangen, wann immer sie sich bieten. Gebt euch eurem Lernen und eurer Übung ganz hin. Im Leben gibt es viele, die Wissen vortäuschen und andere in die Irre führen – keine Handlung kann verwerflicher sein als diese. Der Weg schließt niemanden aus. Er ist offen für alle, und diejenigen, die sich auf den Pfad machen, brauchen notgedrungen die Hilfe derer, die den Weg vorher beschritten haben.

Diese Worte und Gedanken über die menschlichen Pflichten hat uns mein Vater hinterlassen. Sie sind zeitlos und für jedermann anwendbar.

In meinen Händen halte ich eine Schale Tee. Seine grüne Farbe ist ein Spiegel der Natur, die uns umgibt. Ich schließe meine Augen, und tief in mir finde ich die grünen Berge und das klare Wasser der Quellen. Ich sitze allein, werde still und fühle, wie all dies ein Teil von mir wird. Was ist das Wundervollste für Menschen, die wie ich dem Teeweg folgen? Meine Antwort: das Gefühl der Einheit von Gastgeber und Gast, geschaffen durch die »Begegnung von Herz zu Herz«, und durch das Teilen einer Schale Tee.

Ich habe die Welt mit dem Ziel »Frieden teilen mit einer Schale

Tee« bereist. Wenn wir eine Schale mit dem grünen Tee in unsere Hände nehmen und ihn trinken, dann fühlen wir uns auch eins mit der Natur – und da ist Frieden. Diesen Frieden teilen wir, indem wir anderen eine Schale Tee anbieten. Ich hoffe, daß auch ihr trinkt und diesen Frieden mit mir teilt.

BILDNACHWEIS

Wir danken dem Autor sehr für die freundliche Genehmigung, die Photos auf den Seiten 67-74 seinem Buch CHADO, *The Japanese Way of Tea*, Weatherhill, Tokyo, New York, 1979, entnehmen zu dürfen.